書名：《沈氏玄空吹虀室雜存》
《玄空捷訣》 合刊
系列：心一堂術數珍本古籍叢刊 堪輿類 沈氏玄空遺珍
作者：〔民國〕申聽禪

主編、責任編輯：陳劍聰
心一堂術數珍本古籍叢刊編校小組：陳劍聰 素聞 梁松盛 鄒偉才 虛白盧主

出版：心一堂有限公司
地址／門市：香港九龍尖沙咀東麼地道六十三號好時中心LG 六十一室
電話號碼：+852-6715-0840
網址：www.sunyata.cc
電郵：sunyatabook@gmail.com
網上書店：http://book.sunyata.cc
網上論壇：http://bbs.sunyata.cc/

版次：二零一三年十一月初版
平裝

港幣 一百三十八元正
定價：人民幣 一百三十八元正
新台幣 五百元正

國際書號：ISBN 978-988-8266-21-0

香港及海外發行：香港聯合書刊物流有限公司
地址：香港新界大埔汀麗路三十六號中華商務印刷大廈三樓
電話號碼：+852-2150-2100
傳真號碼：+852-2407-3062
電郵：info@suplogistics.com.hk

台灣發行：秀威資訊科技股份有限公司
地址：台灣台北市內湖區瑞光路七十六巷六十五號一樓
電話號碼：+886-2-2796-3638
傳真號碼：+886-2-2796-1377
網路書店：www.govbooks.com.tw
www.bodbooks.com.tw
經銷：易可數位行銷股份有限公司
地址：台灣新北市新店區寶橋路二三五巷六弄三號五樓
電話號碼：+886-2-8911-0825
傳真號碼：+886-2-8911-0801
email：book-info@ecorebooks.com
易可部落格：http://ecorebooks.pixnet.net/blog

中國大陸發行・零售：心一堂書店
深圳地址：中國深圳羅湖立新路六號東門博雅負一層零零八號
電話號碼：+86-755-8222-4934
北京地址：中國北京東城區雍和宮大街四十號
心一店淘寶網：http://sunyatacc.taobao.com

心一堂術數古籍珍本叢刊 總序

術數定義

術數，大概可謂以「推算、推演人(個人、群體、國家等)、事、物、自然現象、時間、空間方位等規律及氣數，並或通過種種『方術』，從而達致趨吉避凶或某種特定目的」之知識體系和方法。

術數類別

我國術數的內容類別，歷代不盡相同，例如《漢書・藝文志》中載，漢代術數有六類：天文、曆譜、無行、蓍龜、雜占、形法。至清代《四庫全書》，術數類則有：數學、占候、相宅相墓、占卜、命書、相書、陰陽五行、雜技術等，其他如《後漢書・方術部》、《藝文類聚・方術部》、《太平御覽・方術部》等，對於術數的分類，皆有差異。古代多把天文、曆譜、及部份數學均歸入術數類，而民間流行亦視傳統醫學作為術數的一環；此外，有些術數與宗教中的方術亦往往難以分開。現代學界則常將各種術數歸納為五大類別：命、卜、相、醫、山，通稱「五術」。

本叢刊在《四庫全書》的分類基礎上，將術數分為九大類別：占筮、星命、相術、堪輿、選擇、三式、讖緯、理數(陰陽五行)、雜術。而未收天文、曆譜、算術、宗教方術、醫學。

術數思想與發展——從術到學，乃至合道

我國術數是由上古的占星、卜著、形法等術發展下來的。其中卜著之術，是歷經夏商周三代而通過「龜卜、著筮」得出卜(卦)辭的一種預測(吉凶成敗)術，之後歸納並結集成書，此即現傳之《易經》。經過春秋戰國至秦漢之際，受到當時諸子百家的影響、儒家的推祟，遂有《易傳》等的出現，原本是卜著術書的《易經》，被提升及解讀成有包涵「天地之道(理)」之學。因此，《易・繫辭傳》曰：「易與天地準，故能彌綸天地之道。」

漢代以後，易學中的陰陽學說，與五行、九宮、干支、氣運、災變、律曆、卦氣、讖緯、天人感應說等相結合，形成易學中象數系統。而其他原與《易經》本來沒有關係的術數，如占星、形法、選擇，亦漸漸以易理（象數學說）為依歸。《四庫全書・易類小序》云：「術數之興，多在秦漢以後。要其旨，不出乎陰陽五行，生剋制化。實皆《易》之支派，傅以雜說耳。」至此，術數可謂已由「術」發展成「學」。

及至宋代，術數理論與理學中的河圖洛書、太極圖、邵雍先天之學及皇極經世等學說給合，通過術數以演繹理學中「天地中有一太極，萬物中各有一太極」（《朱子語類》）的思想。術數理論不單已發展至十分成熟，而且也從其學理中衍生一些新的方法或理論，如《梅花易數》、《河洛理數》等。

在傳統上，術數功能往往不止於僅僅作為趨吉避凶的方術，及「能彌綸天地之道」的學問，亦有其「修心養性」的功能，「與道合一」（修道）的內涵。《素問・上古天真論》：「上古之人，其知道者，法於陰陽，和於術數。」數之意義，不單是外在的算數、歷數、氣數，而是與理學中同等的「道」、「理」——心性的功能，北宋理氣家邵雍對此多有發揮：「聖人之心，是亦數也」、「萬化萬事生乎心」、「心為太極」。《觀物外篇》：「先天之學，心法也。……蓋天地萬物之理，盡在其中矣，心一而不分，則能應萬物。」反過來說，宋代的術數理論，受到當時理學、佛道及宋易影響，認為心性本質上是等同天地之太極。天地萬物氣數規律，能通過內觀自心而有所感知，即是內心也已具備有術數的推演及預測、感知能力；相傳是邵雍所創之《梅花易數》，便是在這樣的背景下誕生。

《易・文言傳》已有「積善之家，必有餘慶；積不善之家，必有餘殃」之說，至漢代流行的災變說及讖緯說，我國數千年來都認為天災，異常天象（自然現象），皆與一國或一地的施政者失德有關；下至家族、個人之盛衰，也都與一族一人之德行修養有關。因此，我國術數中除了吉凶盛衰理數之外，人心的德行修養，也是趨吉避凶的一個關鍵因素。

術數與宗教、修道

在這種思想之下，我國術數不單只是附屬於巫術或宗教行為的方術，又往往已是一種宗教的修煉手段——通過術數，以知陰陽，乃至合陰陽（道）。「其知道者，法於陰陽，和於術數。」例如，「奇門遁甲」術中，即分為「術奇門」與「法奇門」兩大類。「法奇門」中有大量道教中符籙、手印、存想、內煉的內容，是道教內丹外法的一種重要外法修煉體系。甚至在雷法一系的修煉上，亦大量應用了術數內容。此外，相術、堪輿術中也有修煉望氣色的方法；堪輿家除了選擇陰陽宅之吉凶外，也有道教中選擇適合修道環境(法、財、侶、地中的地)的方法，以至通過堪輿術觀察天地山川陰陽之氣，亦成為領悟陰陽金丹大道的一途。

易學體系以外的術數與的少數民族的術數

我國術數中，也有不用或不全用易理作為其理論依據的，如楊雄的《太玄》、司馬光的《潛虛》。也有一些占卜法、雜術不屬於《易經》系統，不過對後世影響較少而已。

外來宗教及少數民族中也有不少雖受漢文化影響(如陰陽、五行、二十八宿等學說)但仍自成系統的術數，如古代的西夏、突厥、吐魯番等占卜及星占術，藏族中有多種藏傳佛教占卜術、苯教占卜術、擇吉術、推命術、相術等；北方少數民族有薩滿教占卜術；不少少數民族如水族、白族、布朗族、佤族、彝族、苗族等，皆有占雞(卦)草卜、雞蛋卜等術，納西族的占星術、占卜術，彝族畢摩的推命術、占卜術…等等，都是屬於《易經》體系以外的術數。相對上，外國傳入的術數以及其理論，對我國術數影響更大。

曆法、推步術與外來術數的影響

我國的術數與曆法的關係非常緊密。早期的術數中，很多是利用星宿或星宿組合的位置(如某星在某州或某宮某度)付予某種吉凶意義，并據之以推演，例如歲星(木星)、月將(某月太陽所躔之宮次)等。不過，由於不同的古代曆法推步的誤差及歲差的問題，若干年後，其術數所用之星辰的位置，已與真實星辰的位置不一樣了；此如歲星(木星)，早期的曆法及術數以十二年為一周期(以應地支)，與木星真實周期十一點八六年，每幾十年便錯一宮。後來術家又設一「太歲」的假想星體來解決，是歲星運行的相反，週期亦剛好是十二年。而術數中的神煞，很多即是根據太歲的位置而定。又如六壬術中的「月將」，原是立春節氣後太陽躔娵訾之次而稱作「登明亥將」，至宋代，因歲差的關係，要到雨水節氣後太陽才躔娵訾之次，當時沈括提出了修正，但明清時六壬術中「月將」仍然沿用宋代沈括修正的起法沒有再修正。

由於以真實星象周期的推步術是非常繁複，而且古代星象推步術本身亦有不少誤差，大多數術數除依曆書保留了太陽（節氣）、太陰（月相）的簡單宮次計算外，漸漸形成根據干支、日月等的各自起例，以起出其他具有不同含義的眾多假想星象及神煞系統。唐宋以後，我國絕大部份術數都主要沿用這一系統，也出現了不少完全脫離真實星象的術數，如《子平術》、《紫微斗數》、《鐵版神數》等。後來就連一些利用真實星辰位置的術數，如《七政四餘術》及選擇法中的《天星選擇》，也已與假想星象及神煞混合而使用了。

隨着古代外國曆（推步）、術數的傳入，如唐代傳入的印度曆法及術數，元代傳入的回回曆等，其中我國占星術便吸收了印度占星術中羅睺星、計都星等而形成四餘星，又通過阿拉伯占星術而吸收了其中來自希臘、巴比倫占星術的黃道十二宮、四元素學說（地、水、火、風），並與我國傳統的二十八宿、五行說、神煞系統並存而形成《七政四餘術》。此外，一些術數中的北斗星名，不用我國傳統的星名：天樞、天璿、天璣、天權、玉衡、開陽、搖光，而是使用來自印度梵文所譯的：貪狼、巨門、祿存、文曲，廉貞、武曲、破軍等，此明顯是受到唐代從印度傳入的曆法及占星術所影響。如星命術的《紫微斗數》及堪輿術的《撼龍經》等文獻中，其星皆用印度譯名。及至清初《時憲曆》，置潤之法則改用西法「定氣」。清代以後的術數，又作過不少的調整。

術數在古代社會及外國的影響

術數在古代社會中一直扮演着一個非常重要的角色，影響層面不單只是某一階層、某一職業、某一年齡的人，而是上自帝王，下至普通百姓，從出生到死亡，不論是生活上的小事如洗髮、出行等，大事如建房、入伙、出兵等，從個人、家族以至國家，從天文、氣象、地理到人事、軍事，從民俗、學術到宗教，都離不開術數的應用。如古代政府的中欽天監（司天監），除了負責天文、曆法、輿地之外，亦精通其他如星占、選擇、堪輿等術數，除在皇室人員及朝庭中應用外，也定期頒行日書、修定術數，使民間對於天文、日曆用事吉凶及使用其他術數時，有所依從。

在古代，我國的漢族術數，甚至影響遍及西夏、突厥、吐蕃、阿拉伯、印度、東南亞諸國、朝鮮、日本、越南等地，其中朝鮮、日本、越南等國，一至到了民國時期，仍然沿用着我國的多種術數。

術數研究

術數在我國古代社會雖然影響深遠，「是傳統中國理念中的一門科學，從傳統的陰陽、五行、九宮、八卦、河圖、洛書等觀念作大自然的研究。……傳統中國的天文學、數學、煉丹術等，要到上世紀中葉始受世界學者肯定。可是，術數還未受到應得的注意。術數在傳統中國科技史、思想史，文化史、社會史，甚至軍事史都有一定的影響。……更進一步了解術數，我們將更能了解中國歷史的全貌。」（何丙郁《術數、天文與醫學 中國科技史的新視野》，香港城市大學中國文化中心。）

可是術數至今一直不受正統學界所重視，加上術家藏秘自珍，又揚言天機不可洩漏，「（術數）乃吾國科學與哲學融貫而成一種學說，數千年來傳衍嬗變，或隱或現，全賴一二有心人為之繼續維繫，賴以不絕，其中確有學術上研究之價值，非徒癡人說夢，荒誕不經之謂也。其所以至今不能在科學中成立一種地位者，實有數困。蓋古代士大夫階級目醫卜星相為九流之學，多恥道之；而發明諸大師又故為惝恍迷離之辭，以待後人探索；間有一二賢者有所發明，亦秘莫如深，既恐洩天地之秘，複恐譏為旁門左道，始終不肯公開研究，成立一有系統說明之書籍，貽之後世。故居今日而欲研究此種學術，實一極困難之事。」（民國徐樂吾《子平真詮評註》，方重審序）

現存的術數古籍，除極少數是唐、宋、元的版本外，絕大多數是明、清兩代的版本。其內容也主要是明、清兩代流行的術數，唐宋以前的術數及其書籍，大部份均已失傳，只能從史料記載、出土文獻、敦煌遺書中稍窺一鱗半爪。

術數版本

坊間術數古籍版本，大多是晚清書坊之翻刻本及民國書賈之重排本，其中豕亥魚魯，或而任意增刪，往往文意全非，以至不能卒讀。現今不論是術數愛好者，還是民俗、史學、社會、文化、版本等學術研究者，要想得一常見術數書籍的善本、原版，已經非常困難，更遑論稿本、鈔本、孤本。在文獻不足及缺乏善本的情況下，要想對術數的源流、理法、及其影響，作全面深入的研究，幾不可能。

有見及此，本叢刊編校小組經多年努力及多方協助，在中國、韓國、日本等地區搜羅了一九四九年以前漢文為主的術數類善本、珍本、鈔本、孤本、稿本、批校本等千餘種，精選出其中最佳版本，以最新數碼技術清理、修復版面，更正明顯的錯訛，部份善本更以原色精印，務求更勝原本，以饗讀者。不過，限於編校小組的水平，版本選擇及考證、文字修正、提要內容等方面，恐有疏漏及舛誤之處，懇請方家不吝指正。

心一堂術數古籍珍本叢刊編校小組

二零零九年七月

《沈氏玄空吹虀室雜存》《玄空捷訣》合刊 提要

《沈氏玄空吹虀室雜存》一冊，不分卷。民國申聽禪輯。作者稿鈔本。線裝。未刊稿。原稿為申聽禪自藏本。原稿端原題《吹虀室雜存》。

《玄空捷訣》一冊，不分卷。民國申聽禪編。民國十八年（一九二九）鉛印本，民國南京憲兵雜誌社出版。

申聽禪，又名振綱，字詩笙，號吹虀子，室名吹虀室、小稊巢。江蘇蘇州人。生於清光緒十五年（一八八九），卒於五十年代初。申氏先祖是明代嘉靖狀元申時行（一五三四～一六一四），官至首輔、太子太師、中極殿大學士等。自申時行至民國數百年間，申家乃是蘇州望族。申聽禪早年入保定陸軍速成學堂，後保送日本士官學校留學，習騎兵及憲兵科，與蔣介石等同期。辛亥革命（一九一一）回國，任江蘇水上警察廳廳長，及軍中要職。一九三〇年任中央憲兵考察團團長，率憲兵骨幹東渡日本考察憲兵制度一個月，歸國後擬定中國憲兵大綱、法令，編練中央憲兵二十一個團，為中國現代憲兵起始。一九三二年主持參謀本部諜報人員訓練班。北伐後，曾任國民革命軍中央憲兵司令部參謀長、參謀本部第二廳廳長、中央憲兵副司令等。一九四三年後脫離軍界、政界。申氏除活躍於軍界、政界外，也曾重建蘇州虎丘劍池方亭。約於民國十六年（一九二七）年因葬親在風水不佳之地，「葬後咎徵迭見」，遂從師沈祖緜（瓞民）習堪輿（玄空）之術，後亦以精堪輿術而聞名於當時，為其師沈祖緜（瓞民）所推重：「蘇人之能得吾（沈祖緜）玄空真傳者，莫聽禪」，申氏乃沈氏玄空第三代中的代表人物。此外申氏承家學，亦活躍於文壇，多以「聽禪」署名刊文於民國時期刊物中。著作有：《國民防空準備》、《歐洲各國憲兵警察制度》、《蘇俄刑法》（譯）、《玄空捷訣》、《起星立成圖（附說）》（收入

《增廣沈氏玄空學．卷五》）、《沈氏玄空吹虀室雜存》、《蘇州申氏乙酉修譜外記》（八卷）等，散文有《吹虀室逭暑漫談》、《俞曲園先生日記殘稿讀後記》（《古今》第四十六期（一九四四））、《命可不信乎》（《古今》第五十三期（一九四四））等。

清末沈竹礽（一八四九～一九〇六）終其一生都在破譯清中葉三元玄空「無常派」宗師章仲山玄空作法種種，後在章氏後人處以重金借抄得《陰陽二宅錄驗》（沈氏稿本《陰陽二宅錄驗》，及章氏遺稿《臨穴指南》、章氏門內秘本《章仲山挨星秘訣》、《章仲山宅案秘鈔》，輯入心一堂術數珍本古籍叢刊．堪輿類），才從中悟出章氏挨星之法，從亦以飛星為主，由其門人江志伊等輯其遺稿成《沈氏玄空學》四卷（民國十四年，一九二五），將秘訣公諸於世。其後再經沈氏門人第二、三代中如沈祖緜（瓞民）、王則先、申聽禪所撰等內容增入，輯成《增廣沈氏玄空學》六卷（民國二十二年，一九三三），風行海內外，其學大盛，影響遍及全國、以至東南亞諸國。同時期亦有談養吾著《大玄空路透》、《大玄空實驗》、《辨正新解》，尤惜陰著《宅運新案》、榮柏雲著《二宅實驗》等，推波助瀾，飛星法乃成玄空顯學，蔚為大宗，影響至今。近百年來，習三元（玄空）派者多宗沈氏，至今未衰，世稱「沈氏玄空」派。其中申氏的《起星立成圖》、《吹虀子簡易挨星口訣》、《玄空捷訣》影響亦廣。

申氏《玄空捷訣》著作及出版，時維民國十八年（一九二九），在當時是繼沈竹礽《沈氏玄空學》四卷本後，沈氏門人中第一位獨立出版玄空地理著作。書中對沈氏玄空的內容，條理分明，作了深入淺出的說明，一洗過去堪輿古籍艱澀難懂之病。誠是打開「沈氏玄空」之鑰匙，入門之金針。一時洛陽紙貴。下開沈氏門人眾多著作出版之先河，此後，沈氏門人除《增廣沈氏玄空學》出版外，尚有沈祖緜《玄空古義四種》、查國珍《漢鏡齋堪輿小識》、沈祖緜、楊天德《地理疑義答問》、沈祖緜整理沈竹礽遺稿《靈城精義箋》、《地理辨正抉要》等出版。（以上輯入心一堂術數珍本叢刊．堪輿類）。

江蘇蘇州，由清代至民國，皆是堪輿學中三元（玄空）派之重鎮。清中葉以降，有三元玄空六派中「蘇州派」名家朱小鶴及傳人等（「蘇州派」重要典籍《地理辨正補》，收入心一堂術數珍本叢刊・堪輿類，經已出版）。清末民初，三元玄空「無常派」章仲山後人、「沈竹玄空」派第二、三代中代表人物如沈祖緜（沈竹礽子）、曹秋泉、申聽禪皆居蘇州。大概蘇州乃江南水鄉，三元（玄空）家多喜水龍水局之故。申聽禪出身蘇州望族，又係當時警界、軍界、政界要人，由是之便，申氏多年來搜羅了不少三元玄空秘籍，如申氏在《增廣沈氏玄空學・卷五・起星立成圖附說》中，短短數百言已兩次透露申氏近得秘笈抄本：「且余近得秘笈，中有論六白運內挨星接氣訣。一則所言亦與沈公暗合，具徵此訣之的，殊足寶貴，今錄如下……」、「余近見一舊抄本中」，可見一斑。由是再與「沈氏玄空」派第二、三代代表人物如沈祖緜、王則先、申聽禪、楊天德等著作內容對讀，可知「沈氏玄空」派第二、三代不單單是墨守沈竹礽所悟的三元（玄空）派秘訣，而是在大量搜羅及研讀不同家派的堪輿秘笈抄本，印證沈竹礽傳下的玄空訣法，對「沈氏玄空」內容有所訂正、深化及發展。而當時申聽禪搜覓得的大量玄空秘笈抄本，也對沈祖緜等「沈氏玄空」派諸君的玄空內容發展有重要的影響。

究竟申聽禪當時搜羅的玄空秘本內容如何，我們大概可從兩方面略知一二：一是申氏公開刊行著作中所透露的，如《玄空捷訣》中民國十八年（一九二九）沈兆九序：「且吾友近得無錫章氏秘笈，其中論星神吉凶，生成合十，反吟伏吟，五黃作法，及生剋比和，九宮配色之理等；皆為世所未經見，既精且闢，應驗如神，實為千金難買之作」。此秘笈當是民國二十二年（一九三三）王則先增編六卷本《增廣沈氏玄空學・卷五・玄空輯要》中提及「友人秘本」。其中摘錄〈坤壬乙訣起例之由來〉（玄空大卦與奇門同出一源）、及〈兼向〉、〈五黃〉、〈反伏吟〉各節中，提及宗章氏者另有不同的作法，此書當是申聽禪搜羅的無錫章氏秘笈《章仲山挨星秘訣》（此書已收入心一堂術數珍本古籍叢刊・堪輿類・無常派玄空珍秘中，經已出版）。其二便是申氏的《沈氏玄空吹虀室雜存》。

《沈氏玄空吹虀室雜存》（即本書）是申氏手抄自藏本，未有付梓，當為其家傳或授徒用。其中存有玄空口訣、法訣、表等二十五種，當係由申氏搜羅了玄空秘本中及拜訪玄空名家中精華。三百年來，蔣大鴻門人將三元（玄空）真訣心得筆錄成書，作為家傳或授徒之秘本，皆未刊刻，唯以鈔本形式內部留傳。此類秘本中多錄有〈河圖精義〉、〈洛書精義〉、〈真義三章〉、〈平洋局法〉、〈平洋洩秘〉、〈水龍理氣作法〉、〈三元龍運〉等等之歌訣或圖訣，過去均為必須守秘而不公開之資料。此俱見於本書。本書雖是由不同玄空秘本摘錄而成，不過輯寫時是基本上側重三元（玄空）中的水龍作法、平洋局法為主，當是主要摘錄是一個派系的秘本。心一堂術數珍本古籍叢刊編校小組以本書與盧白廬主人等所藏三元（玄空）各派系不同源流之鈔本對比，此本內容比較接近蔣大鴻門人張仲馨一脈的秘本（可參考心一堂術數珍本古籍叢刊・堪輿類・蔣徒張仲馨三元真傳系列）。本書中〈真義三章〉附作者按語：「相付前訣，乃楊曾之秘旨，地理之範圍，而入道之階梯也。由無極子，冷啟敬授之中陽子蔣大鴻，蔣以授之丹陽張野溪，張以授之毗陵楊心一，楊以授之楚黃夏玉亭，以授之松陵吳像（？）忝（？），轉相授受，以傳至今。」按張野溪即張仲馨（字野溪），楊心一即楊臥雲（號心一子），此秘訣即蔣大鴻首徒張仲馨弟子楊臥雲一脈所傳，其傳承如下：蔣大鴻－張仲馨－楊臥雲－夏玉亭－吳像（？）忝（？），本書中其他水龍作法、平洋局法的訣法，或亦傳自此派。與同是蔣大鴻首徒張仲馨弟子楊臥雲一脈所傳的三元（玄空）秘本《三元地理真傳》（作者趙文鳴，其傳承是：蔣大鴻－張仲馨－楊臥雲－汪云吾－劉樂山－張醒癡－趙文鳴，輯入心一堂術數珍本古籍叢刊・堪輿類・蔣徒張仲馨三元真傳系列，經已出版）等書對讀，當對蔣大鴻首徒張仲馨一脈所傳三元玄空訣法加深了解。

「沈氏玄空」派已刊行之著作，理氣上以「定向」及起星、挨星因主，與上述當是申聽禪的另一珍藏無錫章氏秘笈《章仲山挨星秘訣》內容方向略同。不過，從申氏本書按語及注文中，申氏也亦極重

「立局」及平洋水龍之三元配合運用。例如本書論納甲：「凡定局，只用八卦，不分二十四山……如丙向丙水，吉凶從艮斷，不從離斷也。」另在選擇（擇日）上，沈竹礽在《沈氏玄空學》中認為天星選擇（如果老星宗）之法，雖是楊蔣真傳，不過沈竹礽卻認為可能因為歲差等問題，至清末其法已不太靈驗，提倡用紫白之法來代替。不過申氏本書中仍提倡用天星選擇（果老星宗）之法；上述種種，作為「沈竹玄空」第三代代表人物的申氏，當是在大量搜羅及研讀不同家派的堪輿秘笈抄本，印證沈竹礽傳下的玄空訣法，對「沈氏玄空」內容的所訂正、深化及發展。而申氏在得到張仲馨一脈所傳三元玄空訣法後，對其影響尤大。

可惜申氏此書一直未有付梓，後來宗「沈竹玄空」者一直未知本書申氏對「沈氏玄空」內容的所訂正、深化及發展的成果，實在可惜。

為令此稀見鈔本及《玄空捷訣》一書不致煙沒，特將原稿用數碼技術修復，以精印出版，以供同道中人參考研究及收藏。

心一堂術數珍本古籍叢刊編輯小組

二〇一三年六月

吹虀室襍存目錄

河圖精義 (1)　洛書精義 (9)
平洋減秘歌 (19)　論水龍理氣作法 (25)
水法廣 (31)　道人口授 (33)
總訣平洋十法 (34)　補後三元龍運註 (34)
六雪和尚理氣真訣 (35)　趕廉貞訣 (36)
納甲 (37)　立向法 (38)
排星五行歷 (39)　星序 (40)

四經大玄空詩訣(41)
靈心訣(42)
真義三章(47)
吳鹿野論八卦旺氣(60)
論山水元辰(55)
論斗首五行(56)
弘治後三元九運表(58)
平洋局法(66)
九星吉凶歌(70)
九星分房訣(73)
九星尅應訣(74)

以上共二十五種

吹虀室雜存

古吳申聽禪手鈔

河圖精義

河圖為地理之原。其實即天運之本。生死之互陳。以此而定。興廢之代謝。由是而知。故天一生水。地六成之。水在北方。故天一在北。地六亦在北。一生一成。相為經緯。故天一必當令為正神。即取地六之正神以助之。而地六當令為正神。

二

即取天一之正神以照之○而取洛書方位對面之九與四為零神此謂之一六共宗○

地二生火○天七成之○火在南方地故二亦在南方地二之當令為正神○而取天七之正神以照之○天七之當令為正神○而取地二之正神以照之○用洛書對面之八與三為零神此謂之二七同道○

天三生木○地八成之○木在東方○故天三在東地八亦在東○天三之當令為正神○即取地八之正神以

助之地八當令為正神即取天三之正神以助之。用洛書對面之七與三為零神此謂之三八為朋。

地四生金天九成之。金在西方故地四在西天九亦在西。地四當令為正神即取天九之正神以助之。天九當令為正神即取地四之正神以助之。用洛書對面之六與一為零神此謂之四九為友。

天五生土。地十成之。土居中央。故天五居中。地十亦在中。爲皇極。寄旺於四隅。爲樞紐。維繫乎八氣。此謂之五十同途。但河圖有理氣。而無方位。有体質。而無運用。至洛書而方位出焉。

經乃上元。緯乃下元。坎一爲上元龍。乾六爲上元水。乾爲下元龍。坎爲下元水也。餘卦均以此例推。

三元理氣運行本於河圖以天一地二天三
地四天五地六天七地八天九地十分上中下
三元河圖之理一生一成生者為正成者為
催成者為正生者為催此所謂顛倒顛也
上元一白當令坎宮實地取氣為正神六白乾
水為催官九紫離水為零神中元六白
當令輔於下元局取乾宮實地之氣為
正神坎宮一白水為催官而取巽宮之水

六

為零神也二生火天七成之坤宮實地為
正神兌宮七赤水為催官而取艮宮之水
為零神兌宮實地之氣為正神坤宮
之水為照神而取震宮之水為零神天
三生木地八成之三碧當令取艮宮水為照
神震宮實地為正神而取兌宮七赤水為
零神八白當令取三碧水為照神以艮
宮實地之氣為正神而取坤宮二黑水為零

神。四九為友。四綠當令。以巽宮實地之氣為正神。離宮九紫水為照神。取乾宮六白水為零神。九紫當令。以離宮實地之氣為正神。以四綠水為催照。而以坎宮一白水為零神。

三元運氣。流行於天地之間。上元一白入中。係五黃到後天離宮。乃九紫之處。一與九此天心十道之運氣。而九宮旋飛。總入中宮。泊

上

宮合天心十道之機也

八

洛書精義

洛書之文，與河圖之數，相為表裏。有河圖而無洛書，是為有體而無用；有洛書而無河圖，是為有用而無體矣。

夫洛書之數，以一對九為十，以二對八為十，以三對七為十，以四對六為十。以天居四正，以地居四隅，一生一成，相為經緯，一陰一陽，相為交媾。九疇從此生，九宮從此配，九星從此徙

猴星而治國経野之道備矣

蓋天一生水。故北方之天一為元首。而河洛之水。偏取乎南首者。蓋北方之水。不能自生。必須南方先天乾金以生之。其地六成之。故西方之地六。即為照神。　此南方先天乾金。而離宮後天之火以尅乾金。尅金。即金生水也。又取後天地六之乾水為照神。亦為元神。金見金。以金生水也。

地二生火。故西南隅之地二爲上元第二運偏取後天之艮水。蓋火不能自生，必須艮方地八之木以生之。地八乃先天之震木，木生火以養之。又天七成之，故西方之天七〻即爲照神。此艮方先天長男乃震木，木生火。

又取兌宫先天坎水，水生木，再以二七同道〻除五得二，二〻即火也。故爲照神，火見火也。

天三生木，故正東之天三爲上元第三運偏取兌

十一

十三

方水生蓋木能生火故西方天七之火以養
之地八成之故取東方之地八即為照神
此兌宮先天坎水水能生震木也又
取地八照神係先天之震木木見木八除
五得三木也

地四生金故東南地四為中元之首運偏取西
北乾方之水者蓋金能生水故用西北地六
之水以養之天九成之故取南方之離水

卽為照神。此四九為友。四乃東南巽木，而取西北乾金。金能生水，以養巽木。離方九紫火為照神。火尅先天乾金。金生水。水生四綠木也。

五十同途。五居中央。寄旺於上元十年，下元亦寄十年。上元取上元運，上元星；下元取下元運，下元星。不必論催照。只要四庫齊開，亦要輔運剪裁。

十三

地六成之故乾方之地六為中元末運偏取巽宮水者蓋水不能自生必須巽方地四生金天一生水故坎為照神

地六成之乃乾宮先天艮少男與巽宮先天少女為偶故取巽水水乃是巳金所生之處用坎水為照神坎是先天坤坤母照應少女

天七成之故兌方之天七為下元首運偏取東方水者蓋火不能自生必須東方天

三之木以生之。取地二坤水。即為照神

地八成之。故艮方之地八為下元中運。偏取西南方水者。蓋木能生火。故用西南地二之火以養之。取天三震木。即為照神

天九成之。故離方之天九為下元之末運。偏取北方水者。蓋金能生水。故取北方天一之水以養之。取地四巽木。即為照神　太極四生。如嬰孩。究之賴父母四養。如衰老之

十五

依子孫。深言之，為五行相生之體；淺言之，即八卦顛倒之用。明乎河圖洛書之義，更參之以先天後天之卦，配之以九宮九星，約之用之以四吉四凶，判之以上元下元運運之，而堪輿之秘旨洩矣。

蓋三元方位本於洛書，而洛書之文又不外河圖。河圖之地六陰也，右轉而居於西北；河圖之地八亦陰也，右轉而居於東北，即二十四山陰從右轉之理。河圖之天七。陽也左旋而居於西。此河圖之天九。陽也。左旋而居於南。即二十四山陽從左轉之理。八卦九宮之方位不外是矣。

止

十八

平洋沈氏秘歌

好笑好笑真好笑笑到何時了好笑學
堪輿個個迷真竅昔賢多少書部部山龍
料山龍與平洋理合形偏相堪笑時世師
真法多不曉術向平洋行坡照山龍造敗
壞許多人冤屈從前料山龍書寔多宗
實非一調所以同講山名各執相爭鬬世莖彼
識評彼莖世嘲笑平洋只三法聽君心從

廿

頭出八卦那不依三元豈不要取用大五行

取是直真九曜平地忽起高天生多價寶

取法論方隅饒前減後好左右兩邊披向

滿真徵妙獨根坐豐肥胸前反卑凹坐

賓更居中龍虎皆表表無等雖非祥人

丁色絕少面前倉庫砂穴後砂休撬房

分按兩旁低減丁財耗夾賓兩旁高財

散人丁夭亡騷不差池具目無顛真倒

一池如環繞清水迎高館二池兩肩分龍
虎須分曉三池品字形坐一枝雙滑如
蛇或如鈎點腹扦頭好尊去忌丑神立
穴休滲艸吃際在有情高下休忌了通水
水為龍莫牽山谷同雙山四大水掃去總
無踪五畝與十畝周週迴貴脫空似從嬴何
葉葉彼眼自朦朧棋盤腸子樣半月彎與
弓不煩山法取須要薄後從丙壬二水對

廿二

即是丙乾沖收來消後亥穴後罡浮〻
福人能得此為官兼富翁四正方來水溜〻
撲面逢迎勢來如直大收納截當中偏左
或偏右單支受賴通寅申並巳亥亦照
倒而至穴宜攔後水發福承吉穿甲乙艮
巽坤庚辛丁壬癸十分水前流看去反
為美須取穴前高要仰朝於鬼再得
罡橫被叢葬終無毀陸行出數十里

一水發源來莫作無情看奇入顯物去水
龍顯在內得法任君裁更有砂飛水走也
竟藏巨族財丁異此皆形勢活非虛佑
眼如何敢輕覷果能出類建奇時功阿
賓迎祥虛處應看水須看曲狹深秀
龍環遶璮沉沉細看形局析之妙請去
迎來同九星
三法平洋合說透登山龍法最顯道清隨

攀隨倚隨騎也莫妄談師理不明害家　若

巨富長豪賢出色真坟有幾個只因初

祖積陰功埋骨天命名手做一坟得法

百年安堪久尤叨一支助下多善惡亦多

生升自外分隨自隨盲師妄為後嗣

扞忘卻初時根蒂固善嗣善報得榮

曷妄遷堪輿誰家過如此之類走江湖

這樣奇策那曾覩

論水龍理氣作法

從来水路後天成，不出山谷先天生。山谷培補終不應，水脉疏濬引真情。當年急着修龍法，修着之時旦夕靈。莫道人工躐天道，江淮河泗禹工平。水龍剖盡骨生香，入用玄機不可當。八卦三元並九曜，毫釐差錯落空亡。問君八卦名何取，從書古義先天知。五帝

其六

三皇律地書九州九井多經紀只把旁龍
一卦藏莫混三八分條理認得九龍之骨
真骨只看不真飛不起
九龍八卦貴乘時上下中元各有宜葬着
旺龍當代發葬着平龍出發禍遲葬着
死龍衰敗絕縱然合格也難支不是八
龍發到穴出元之局莫相依
定局推看貼水城毫釐尺寸要澄清

更有照神財奪氣。外洋光透失宮星。宮星若重平分搦。照神左右重獨持衡。外照過多分氣亂。不空分房運改更。更有水龍真骨髓。劫將對脈認來情。來情若旺真元位。法局參看一半輕。封析經長純襍處。此中消領眼惺惺。三元既排龍神旺。九曜不純龍力衰。此是山家大五行。納甲爻中應天象。五星二曜精乾坤亶稟命天樞造化根在天北斗司元氣在地八卦顯天心四吉四凶分順逆父母二卦顛倒輪河首一星宗禍柄去來二口生死門青囊萬卷原非假只有天玉是真經玄空洪範並三合八曜黃泉枉用神尤恨去來生旺墓害人父母絕兒孫能將九曜為喉咽大地乾坤一口吞更有高原乏水地点有隱穴在其際垂龍

睇下是江湖。萬頃低平雖界氣，高低岩只合三元，旦夕繁華諸福聚。若坐低空陷落山，萬世算其衰，常不替。江北中條平地龍，無山切莫強尋龍，雖是乾龍無水道，溝渠點滴有神功。隱微茫看水法，葬法要與江河同，非向乾流指真水，能使上士開心胸。高山坦處逢平田，莫作山龍一樣看。若遇

先

三十

乾原或水降点将此法論三元
勸君葬水勝葬山葬山歲久氣方還葬
水急龍並旺運三年九載遇天關山本陽
精中抱陰陰精是水陽内存葬陽得陰
陰澈長葬陰得陽陽驟伸
楊公昔日救貧法但取三元水龍合王侯將
相此中求合著禪師真口訣天涯遊子
不勝愁四十寒窗雪白頭只為尋山貪

幹氣答著皆古道湯淹留水龍一卷賢知

已大地陽春及早收。

好塊風須水括地。時師不識輕拋棄。水

龍扦腦與扦頭。大旁丁財旺無比。

附水法廣

江湖河漢作平洋。風水原來別有行。湖

風迴水真絕地。風吹水劫壽丁長。平洋

山地不同山。山性純陰水屬陽。半山半水

各收半離山十丈來平洋
山坡堆硬石嶺峰溪瀨河渠理亦同陰
陽風水各自差因与山場反覆特生
堆阜獨稱奇眠亘形求撈垂遠遮四剪水
穴際沖融處平洋三法細研思

答問添著水

道人口授

收得野馬來，便是真龍氣，雖屬山崗
山是水法兩盈虛，皆收動地道方直大形
忌方直大
陽陷陰中為坎，得太陽照之則陽到
便能消陰收動收界取地，不然停添著如
水洲飛土飛
形交氣交提起放倒說同是異，異說異

是同地不停匀此時雖旺實種他年之煞

水光直致近歲縱衰已胎後日之災

總訣平洋十法

倚攀貼坐歸乘氣十四元辰審用之

交關照繫冲与弔二五局推挨人不知

補後三元龍運註

八山如遇龍運生旺者得氣立宅安墳

得之大吉已葬龍山興發如雷更遇山

向水星旺之年尤甚如遇退元運衰敗尤
先氣立宅安墳大凶如已葬龍山值之一
敗如灰如遇退山向水星衰之年切不可妄
用已葬龍山值之大凶

六壬和尚理氣真訣

雖發立極土平分三合氣斯通離山兩兩
還源一納甲補天工兩儀遞運各休息四
象補玄空金木水火各有二土寄四行

四象

中天根月窟雌雄度玄竅在金龍一庫

雖生之八子各自逞英雄去去去十六向中

取來來來來換星掌上排出由來大道本

叅我盲師何處問真蹤

起廉貞訣

位位起廉貞貪狼次第行中起中止弦起弦止

中起中止如巽局巽在中也即以廉

加巽武加艮破加離輔加乾貪加兌

巨加震祿加坤文加坎起弼止坎故

曰中起中止

弦起弦止如乾局乾在弦也即以廉加

乾武加離破加艮輔加弼貪加坎巨

加坤祿加震文加兌起乾止兌故曰

弦起弦止

納甲

乾甲坎癸申與辰艮丙兮震庚亥未巽

辛離納壬寅戌坤乙兌丁巳丑同

凡定局只用八卦不分二十四山。至二立向收水仍要分二十四山。如丙向丙水吉凶從艮卦不從離卦也

辛向法

宜立三吉向。餘不可用。如坎局。以坤乙為武曲向。乾甲為貪狼向。離壬寅戌為巨門向。未水出以生長位為吉。

陽卦乾坤坎離中老一家

陰卦艮震巽兌少長一家

排星五行屬

甲木屬乾金　乾納甲也

乙木屬坤土　坤納乙也

丙火屬艮土　艮納丙也

辛金屬巽木　巽納辛也

丁巳丑屬兌金　兌納丁合巳酉丑也

兌

壬寅戌屬離火
癸申辰屬坎水
庚亥未屬震木

平

離納壬合寅午戌也
坎納癸合申子辰也
震納庚合亥卯未也

星序

廉武破輔貪巨祿文

輔星卦即五鬼卦變之同以廉輔互換耳張九儀收水用之蓋東西兩宮所以立局淨陰淨陽所以立向出煞上

理氣家之祖

四經大玄空詩訣

卦是玄空理最幽，乾巽艮坤間踪曲，坎离震兌分天地，五行便在此中求。第一天宝經最妙，第二要看龍子經，第三一經名玄女，第四宝照一經為名。乾丙乙与子寅辰六位排来俱屬金，艮庚丁与卯巳丑六方屬水，君須記。以上要排羅為陽之山，陽水始相當乾巽壬辛與午申戌六位屬木三八從坤甲癸與酉亥未六方屬火心中守此上要者傳為陰〻山陰水四相應此是陰陽天地卦五行之內要四經不破旺方財祿聚流破生方損少丁長生位上貴衆是一千化之年空亡刑此是九天真口訣毋得輕傳行人

靈心訣

同情支幹脉真全。幹直須求枝曲環。水
繞兜多坤氣隰。星纏氣折水神完。逆
至乾案還濕帶順水逢交即是欄。去
逅交宜太顯亮清真官便至。寬洪悠遠
二六退
福來綿。隱橫換去含凶類。反硬斜尖當
盤災。闊遠天門收穴下。狹近地戶貼坡插
尋兜尋步為陰配。何水何時照回春。人動
林皋收野氣。堂傾基峻散坤元。垣高
收水
四十三

罕四

近代皆墻步移尺寸星移位。局措東西向措泉

順逆陰陽收甲乙。雌雄辨別五行向。有人

授汝挨星訣。今將挨法對汝說。挨得星

未加得穴。再將挨法去挽回。

天運地氣。分盈虛之陰。生盈死虛。虛盈迭

宜。不識八角。何由百八。五虛五福。百五可知

若得中宮。妙始無窮。遠遠近近。遠小圓聲

陰陽位定。相爭相應。虛一分盈清。便是安

平中上上中。下下莫逢。盈莫求龍。虛繞是
鍾。委蛇有情。勿射勿分。九曲來去。公侯之
地。千里綿綿。只十步間。萬畝漫漫。退收一
綫。莫問潴源。合式便材。潴一方角落。圓
潛中索。源有不敢。進退出彼。我得此訣。
受福綿綿。
上通中下。中下不悟。潛下當上。上亦不罪。凶
水不達。有合有化。乾坤顛倒。權衡八卦。

四十六

內卦外卦從逆排論中位位正吉凶定惟
細推上元陰陽逆順地濁天清右訣明語
尋龍尋向[illegible]覆舊自雁八八一三大奇四除
五歲歲推排以斷地運一毫有差出處需
問之

真義三章

天元龍法定如何
更有八郎朝二母
只今与汝人元請
君飛二八兩頭過
地元何處覓佳音

中女南圓望北夫
東鄰鎮日看西湖
四文朝生意館
五郎從此換胎著
一望玄空攝此魂

習之

老母（坤）開箱私少子（艮）。大兌（震）啟鍵出西金（兌）。

以上一訣係抄詳地理錄要，另有一訣附如下。

上元龍法是如何。九妹漂環搶一哥。更有八郎朝二母。東鄰鎮日討西河。即今語汝中元法。二八東朝生意發。坐中四六兩頭過。五郎從母撿著船。下元龍法如何起。子位空空擠午神。老母開龍私少子。大兌剖腹納西金。

相傳前訣，乃楊曾之秘旨，地理之範圍，而入道之階梯也。由無極子冷啓敬授之中陽子蔣大鴻，蔣以授之丹陽張野溪，張以授之毘陵楊心一，楊以授之楚黃夏玉亭，夏以授之松陵吳像然，轉相授受以傳至今。

吳廣野論八卦旺氣

八卦方位各有時衰惟中宮五黃無專氣有云前十年坎氣旺後十年離氣旺或云前十年巽氣旺後十年乾氣旺或云中藏戊己己為陰土前十年寄於坤戊為陽土後十年寄於艮其說不一要惟坎離之說為長

收離水土中元無不旺而收坎水者甲午以

後世發地已多，要其承四綠之後，中元無不旺，而乾氣在甲辰以前未見有發，坤氣中元以前十年大旺，而後十年艮水竟見有衰敗者，艮氣後十年未見有發，而坤水之發已平，總緣見聞淺陋，不敢自信，姑以俟高明者質之。

知地理而不知選擇，只算知半，後擇日無書可讀，天元第五歌僅賅大意，照所云

至

果老星宗是的傳亦不過李憕問答一篇（尊莫尊乎日月句最好）餘皆後人附會渾天寶鑑假名烏兔經實非烏兔經只要二十八宿躔熟胸中五行生尅旺衰強弱及經緯順逆悉明（果老星宗內有）諸般格局細細審察將我所存各曆本內稿式看熟（看是有非僞記出）將人八字推算（各用火羅

學等法

夏用水）驗其禍福，則造命之法自知矣。做墳只要安好命上，無取日月（晝重見夜重月）或太氣到山到向，知恩知用，知天地人（生命四時）三正之用法足矣。于平四柱曆本上好日（從俗看看）俱不足信。

嘉興徐圃臣先生著天元曆理，談天說地，暢明善法，發立三正，引証經史，其功

不
地正申宮為北寅宮為南視天星之所
次我湖斗牛分野天正在亥宮何故居東
南角不知以子加申則正加丑宮斗牛丑
宮宿也山豈非東南角乎徐圃臣先
生謂畢九度為地正起子中是
據此為吳康野先生与子書錄之可
為選擇參攷

論山水元辰

山從龍認，幹論來去，枝看生入。

水以水評，潭觀聚處，漕論盡頭。

以上四句係論元辰之法

五十五

論手首五行

壬子癸巳辛戌土。辰寅丁未木元辰。癸丑
丙午乾亥火。坤申甲卯庚水神。之右向金
星何處是。乙庚辰酉四山真
生我者為貪狼。我生者為廉貞。剋
我者為破軍。我剋者為武財。比和
者為元辰
貪狼番破軍。破軍番廉子。廉子

番我財我財番貪狼元辰番元辰生我者為退氣我生者為生氣剋我者為死氣我剋者為殺氣比和者為旺氣以三元生氣為主

五十七

弘治 一七 甲子

嘉靖 三 甲申

入 三 甲辰

又 四三 甲子

萬曆 一二 甲申

又 三三 甲辰

天啓 四 甲子

順治 元 甲申

五十八

上 一白

二黑

三碧

中 四綠

五黃

六白

下 七赤

八白

康熙三甲辰

又　二三甲子

又　四三甲申

雍正二甲辰

乾隆九甲子

又　二九甲申

又　四九甲辰

嘉慶九甲子

五十九

九紫

上　一白

二黑

三碧

中　四綠

五黃

六白

下　七赤

道光四甲申

又　廿四甲辰

同治三甲子

光緒十甲申

又　三十甲辰

民國一三甲子

又　三三甲申

又　五三甲辰

半

八白

九紫

上 一白

二黑

三碧

中 四綠

五黃

六白

又　七三甲子　　下　七赤

又　九三甲申　　　　八白

又　二三甲辰　　　　九紫

〔注〕以嘉靖明弘治十七年上元甲子推起
至民國一百十三年下元甲子末一
年止，列為一表，以便檢查。

弘治以前成化二十三年，圖二十一年，元乙酉末。

丙寅　辛未
成化以前景泰、天順合二十三年，圖廿八年，景

第十二

泰庚午至丙子天順丁丑至甲申天
順蓋英宗復辟也景泰以前正
統即英宗享國十四年元丙辰末己巳正統
以前宣德享國十年元丙午末乙卯宣
德以前洪熙享國一年即乙巳洪
熙以前永樂享國二十二年元癸未末
甲辰永樂以前建文享國四年元己
卯末壬午建文以前洪武享國三十一年

元戊申
末戊寅
弘治以後 弘治共享國十八年 弘元戊
申末乙丑 嘉靖享國四十五年 元壬午 末丙寅
〔但弘治嘉靖之間尚有正德一帝
享國十六年元丙寅末辛巳 正以未
逢士運漏未敘入〕隆慶享國六
年元丁卯 末壬申 萬曆享國四十八年 元癸
酉末
庚申〔但庚申一年泰昌即光宗所僭〕天

啓享國七年元辛酉末丁卯崇禎享国十七年元戊辰末癸未
順治享國十八年元甲申末辛丑康熙享國六十一年元壬寅末辛丑
雍正享國十三年元癸卯末乙卯乾隆享國六十年元丙辰末甲寅
嘉慶享國二十五年元丙辰末乙卯道光享國二十九年元辛巳末庚戌
咸豐享国十一年元辛亥末辛酉同治享國十三年元壬

戊末甲戌光緒亨子圜三十四年元乙亥末戊申壹

緒亨子圜二十年元己酉末辛亥中華民國乃壬子也

聽摟此表用去處最繁故錄之而加

以詳註也

占十五

平洋局法

局法不同。乘氣為主。有動為生。無動為死。平洋水繞便是真龍。其地雖顯微妙難通。水聚氣止。近水氣鍾。氣來動交。各各不同。近南坎氣。聚北即害。近北離氣。乘兌撰（襍）來。西南乘艮。東北坤通。近西乘震。忌離寅宮。東南乾氣。戌殺莫逢。乘巽西北莫犯辰風。回風地氣。動

空上占

西執東，物之太極，一氣沖融，乘得氣者
永吉無凶。湯推卦例，莫辨雌雄。金龍
乘氣，不真從既，先窮陰龍，陰向陽向
陽龍。中氣難點，豈硬直無功？勢嫩活動
穿西過東。左秀左結，右秀右堂。先觀
生氣，後對穴龍。外乘生氣，一團熟莫沖。
際動速發，藏聚福完。單獨散側傾
瀉直沖，若者宜避，迴可免凶。終水來射
當文

穴有蓋可蔽。不須入口。暗拱反禁水來朝穴有蓋反窮。必須入口。貴在其中逆龍則結交媾雌雄。不逆不龍。安下金功。大龍大發。順逆咸通。秀龍大覺小識龍當偏傍。龍傍小發。斜龍帶正。龍穴乖氣砂水玲瓏。金木水火。金水為禁大木斜角水城莫逢。日月土執四獸之中。三秀水來何者為雄。但取先到屈曲情通。

逆來橫繞無意圈現浜頭出水內此依外
雄內只為進外只出通必須曲折始得
停泓蕩蕩直出關閑無照不如月池
澄然一泓無出無入旺水可容環拱穴
場亦可以陰龍太極圖墩育地氣鍾
模邊掛角巧奪天工田水朝揖可得
當飛時何愚昧不識此中硬說天王
妄說四說不知秉氣眼目朦朧留此真
訣

七十

隨指點神功勿妄傳示邋擾愚蒙

九星吉凶訣

第一貪狼星屬木

吉星最好是貪狼下着令人福祿昌
不問五音皆吉利重重進入外田莊

第二巨門星屬土

巨門吉星亦難求長任田財進不休

更得水流三百步。為官清顯御街游。

第三祿存星屬土。

出祖離鄉是祿存。須窮為敗損家門。

更兼公事相連累。疾病奸淫不可勝。

第四文曲星屬水。

退田文曲起灾殃。暗曜加臨不可當。

淫慾風聲公事起。生離媳婦損財糧。

第五廉貞星屬火。

七十一

七十二

從来瘟火是廉貞，口舌官符不暫停。
犯着但然田宅退，時師須要細搜尋。

第六武曲星屬金

每逢武曲吉宜收，財帛田園事事優。
認取来龍真正脈，兒孫富貴永無憂。

第七破軍星屬金

破軍原是一凶星，決配徒流横事生。
田地年年真退敗，更兼孕婦命難保。

第八左輔

第九右弼星屬土。

輔弼為福亦為災。為福為災未易猜。

左右同中祿吉助。與文安云武臨沖來。

九星分房訣

貪(一)興長子巨(二)興中。武(六)曲三房財福豐。

文(四)敗中房祿(三)敗小。破(七)廉(五)長子受貧窮。

九星尅應訣

一白星本屬水。震巽逢之修造美。看〻七八

九月來交進南方外處財。

二黑星本屬土。乾兌逢之修造美。且待

二八月交來。進入東北兩方財。

三碧星本屬木。係宮最嫌財細。切忌莫

造作。教君南方開看時。西方又得物六旬毫

四綠星同上。

五黃星中土尊，西北之方正相親。此星

任可修乾兑，七八九月外財臨。

八白星同上，更吉。

六白星原屬金，坎山福祿簇嶄新。任

交四六七八月，東南喜至樂忻忻。

七赤星同上。

九紫星本屬火，坤艮二山修造可直待

寅巳午年月，北方財氣來非瑣。

七十五

泉唐沈氏真傳

玄空捷訣

古吳吹藿学編

玄空捷訣序

余獲交申君聽禪幾二十年初未知其邃於玄空術也往歲沈君瓞民曾以手編之先箸竹礽先生玄空學書見貽余甚檮昧三復而莫窮其義然頗知其學理之純粹精當有非近世堪輿家所能幾及者去年余以先塋山向不利有請於沈君沈君既爲規度適以辦理沙田事宜赴浙瀕行謂余曰蘇人之能得吾玄空眞傳者莫聽禪若矣君有疑盍近咨之余知聽禪近爲其　先公改葬曾從瓞民游不意其精進爲瓞民推重如此余乃以欲求於瓞民者求之於君君既不吾吝且出示其所箸玄空捷訣一書曰余以沈氏書有非淺學所能詳者爰爲引申而解釋之其詞一歸於簡顯俾爲研究斯學者之梯階子盍爲我序其意余

受而讀之乃知玄空者卽一九之義余蓋嘗謂宇宙間事物之自無而有莫不始生於一而凡有數者卽莫不有不可思議之神化河圖洛書實爲數理之根原、又案易乾坤鑿度易變而爲一一變而爲七七變而爲九九者氣變之究也乃復變而爲一一者形變之始又云乾貞於十一月子左行陽時六坤貞於六月未右行陰時六蓋可知九運之往復與夫天地盤之動靜飛星陰陽日月紫白之順行逆行悉皆本於易理學者但玩索於易象變化動靜之故蓋於玄空學思過半矣然不明其用則亦有如欲啓扃者之不得其鑰必不能深窺堂奧此編舉例說明列表剖解開豁呈露謂爲斯學之捷訣詎不信然而瓞民旣手編於前聽禪復纂述於後兩君俱非鬻術者無非本竹礽先生之遺敎欲推其仁心於人聽禪既用以盡力於先人之壟而余亦得因以知慎事乎窀穸是豈非詩所謂孝思錫類者與又不徒爲沈學之功臣矣用書以誌欽佩己巳四月元和陳任

玄空捷訣序

吾友申君聽禪。前年罹親不愼。葬後咎徵迭見。乃從老友泉唐沈竹礽先生之哲嗣瓞民先生習玄空之術。朝夕礎磨。盡得其秘。開悟之速。實爲僅見。旋卽改葬其尊人固庵年丈於鄂尉之陽。體用兼得。親友見者皆稱善。於是吾友精能理氣之名。漸著於時。有不識瓞老。或不敢請於瓞老者。則羣集於吾友之門。吾友戶限爲穿焉。竹礽先生爲浙東耆宿。地學推同光間冠。其遺著自得齋地理叢說。曾於曩歲由旌德江迁生太史與瓞老合編爲沈氏玄空學。故人之來請於吾友者。吾友亦無非以此書爲之講解。無如沈書初非爲初習是術者設。若毫無門徑者。讀之固茫然不知所謂。卽爲之指點開說者。亦覺力費詞費。而收效微溥翠乃要求吾友更輯一淺近易讀之書。俾得入門之途。此吾友所以有玄空捷訣之編輯也。

夫人孰不有親。親死孰不思葬。葬孰不思得善地。得善地。無非思免水蟻之患。安父母之骸骨而已。故風水一術。並非為生者邀福。實不過欲亡者得免侵蝕耳。古者凡讀書人。疇不應明習是道。風水書中有所謂人子必讀。仁孝必讀者。其命名可見。太史公論六家要旨。以陰陽家冠儒墨名法道德之首。亦可見漢時卽地位甚崇。自有庸陋地師。藉三元僞術及長生三合等鄙俗不堪之法。欺世害人。而風水之本義盡泯。正道流於迷信。易理儕於江湖。於是新舊各走一偏。池魚之殃。並玄空正理。而亦幾乎被毀。不亦冤哉。自此編出。吾知淸濁涇渭。當可畫然分明。且是編說理精透而又簡括淺近。應有盡有人人能解。循是以達乎深造。不第玄空一術。不致爲庸術所牽累世有關心世道之君子。且將推助其復興。則國運轉變。氣數挽囘。豈非胥在此一小册子中。沈竹礽先生在天有知。必拈髯微笑。喜絕學之得傳統矣。

且吾友近得無錫章氏秘笈。其中論星神吉凶生成合十。反吟伏吟。五黃作法。及生尅比和。九宮配色之理。等皆爲世所從未經見。既精且闢。應驗如神。實爲千金難買之作。吾友則擷精去粕。悉以採入書中。不自珍秘。尤深得沈氏之遺教。其吾友自與其師陂老所研究發明而得者。尤隨處而是。讀者果細心體會。熟玩不懈。則不數月。保可卽能自卜佳地。若忽略看過。則非吾友之志也。書成。承吾友問序於余。爰爲勉綴數言。以當介紹。
中華民國十八年太歲在巳世弟沈兆九希白氏識

玄空捷訣目次

一　論玄空二字之意義
二　論河圖洛書爲玄空之根源
三　論巒頭卜洛爲巒頭之宗祖
四　論羅經
五　論二十八宿與二十四山之關繫
六　論挨星訣
七　論到山到向與上山下水
八　論星神之生死衰旺附表
九　論旺山旺向共四十八局

十　論衆向須用替卦
十一　論生成合十之功用
十二　論城門訣　附表
十三　論令星入囚　即地運長短
十四　論反吟伏吟
十五　論立穴定向有一定之理
十六　論北斗打刼
十七　論五黃作法
十八　論生入尅入生出尅出比和
十九　論分金　附收山出煞　附表

二十　論九宮配色之理
二十一　論三星五吉與兼貪兼輔
二十二　論選擇附紫白起例　附表
二十三　論太歲七煞及年三煞之起例
二十四　論公位房分與命宮受尅
二十五　論玄空江西派傳授系統
二十六　論經籍及諸家雜著之優劣附表
二十七　論中國亟宜提倡公墓制
附沈竹礽先生改正蔣盤圖式

玄空指誤 一二

泉唐沈氏眞傳玄空捷訣

泉唐沈瓞民先生校閱　古吳吹藜子編

第一章　論玄空二字之意義

玄者一也。空者九也。玄空者。卽自一至九之謂也。揚子法言曰。玄者一也。至空何以爲九。空卽竅。竅有九。故俗言九竅。是玄空卽自一至九之明證。然此一與九。非定數。有錯綜參伍存乎其間。故不逕以一九名。而以玄空二字代之。

又紫白者。細思之。亦一九也。紫白外。尚有黃黑碧綠赤等色。何以獨以紫白二字爲總名。可見亦代表一九也。（白有一白六白八白。此紫白之白。乃一白。非六八也。）

第二章　論河圖洛書爲玄空之根源

易曰。河出圖。洛出書。聖人則之。河圖卽先天八卦。庖犧所畫。洛書卽後天八卦。文王所演。聖人前知。無非根源河洛。玄空一術。其理亦全出圖書。故其爲學。極爲正大。與其他方技不同。

圖者何。卽一六共宗。坤艮也。天一生壬水。地六癸成之。二七同道。巽坎也。地二生丁火。天七丙成之。三八爲朋。離震也。天三生甲木。地八乙成之。四九爲友。兌乾也。地四生辛金。天九庚成之。五十同途。戊巳也。天五生戊土。地十巳成之。一六爲水。故居北。二七爲火。故居南。三八爲木。故居東。四九爲

先天八卦方位圖

乾

兌　　巽

離　戊己　坎

震　　艮

坤

金。故居西。五十爲土。故居中。說卦傳曰。天地定位。山澤通氣。雷風相薄。水火不相射。八卦相錯。蓋乾卦純陽。象天。坤卦純陰。象地。故乾坤位乎南北。乾坤交而爲坎離。有日月之象。日生東。故位東。月生西。故位西。乾變上爻爲兌。水發東南也。坤變上爻爲艮。山始西北也。

風從天來。故巽位西南。雷從地起。故震位東北。蓋以五生數。合五成數。一生一成而同處其方。而北方水復生東方木。木復生南方火。火復生中央土。土復生西方金。金復生北方水。五行以順生爲序。數之體也。

後天八卦方位圖

離 巽 坤 震 戊己 兌 艮 乾 坎

書者戴九履一。離火位南。坎水位北。左三右七。震木位東。兌金位西。二四爲肩。坤土位西南。巽木位東南。六八爲足。乾金位西北。艮土位東北。五十居中。戊陽土。己陰土。居中央。說卦傳曰。帝出乎震。齊乎巽。相見乎離。致役乎坤。說言乎兌。戰乎乾。勞乎坎。成言乎艮。蓋水無土。不能生木。故艮位乎東北。火無土。不能生金。故坤位乎西南。乾以重金生水。巽以重木生火。此際無需於土。故土獨旺於艮坤。蓋以五奇數統五耦數。合十對待而各居其所。而一六水尅二七火。火尅四九金。金尅三八木。木尅中央土。土復尅一六水。五行以逆尅爲序。數之用也。以上河洛先後天卦位生成合十及五行生尅之理。實爲玄空理氣之祖。一切皆從此出。學者勿以煩難爲嫌。務必熟習記憶。久而生巧。亦自不覺其煩難也。河圖一合六。二合七。三合八。四合九。洛書一合九。二合八。三合七。四合六。皆流行之象。故玄空取用。最重流行之氣者此。

第三章　論瀍𢇍卜洛爲巒頭之宗祖

詩。公劉瀍𢇍。曰相其陰陽。觀其流泉。書周公卜洛。曰我乃卜澗水東。瀍水西。惟洛食。此實爲後世言巒頭者所自祖。惟子思子曰上律天時。下襲水土。周氏景一亦曰。巒頭眞。理氣自驗。巒頭假。理氣難憑。可見巒頭者其體。理氣者其用。體用必相輔而行。乃成完美之局。無軒輊輕重可分也。

巒頭不專指星體山形而言。凡龍（地理家稱山脈曰龍。）穴、砂（主山以外之山曰砂。）水。有形勢可見者。皆謂之巒頭。巒頭亦惟以龍、穴、砂、水、四者爲重。攻巒頭者。以郭景純葬經。楊筠松撼龍疑龍經。周景一山洋指迷數書。爲必讀之書。攻理氣者。以青囊經。青囊奧語。青囊序。天玉經。都天寶照經數種。爲必修之科。蔣大鴻姜汝皋有傳。章仲山有直解。溫明遠有續解。坊間均有出售。曰地理辨正直解。惜巒頭書人人能解。而理氣書苟無師承口訣真傳。雖皓首窮經。無益也。舍此俗師之崇三合庸術者不論。卽講三元者。亦多僞訣。其種類多至不可勝數。其書汗牛充棟。咸非眞傳。苟無抉擇之力。讀其書概爲所惑。務宜留意。

公劉之陰陽。或謂卽卦理。非此陰陽。猶言向背也。子思子之天時。卽理氣。水土卽巒頭。猶言卜地上必合乎理氣。下必當於巒頭也。

第四章　論羅經

羅經者。卽卜地所用之羅盤也。有楊盤蔣盤兩種。習玄空正訣。自以用蔣盤爲宜。盤中紅字爲陽。黑字爲陰。共二十四山。分天地人三元。天元子午卯酉　陰　乾巽艮坤　陽　爲父母。地元辰戌丑未　陰　甲庚壬丙　陽　爲逆子。人元乙辛丁癸陰。寅申巳亥陽。爲順。子戊巳之陰陽。則以所到流行之氣爲準者也。其排列。係依洛書之數及定位。以一白貪狼水配壬子癸（即坎）。二黑巨門土配未坤申。三碧祿存木配甲卯乙（即震）。四綠文曲木配辰巽巳。六白武曲金配戌乾亥。七赤破軍金配庚酉辛（即兌）。八白左輔土配丑艮寅。九紫右弼火配丙午丁（即離）。五黃廉貞土配戊巳。居中不動。楊盤。即淨陰淨陽盤。其分陰分陽。與蔣盤異。茲不多贅。蔣盤之分陰分陽。其理由亦非茲編所能盡。學者祇牢記子午卯酉四正卦。天人元爲陰。地元爲陽。乾巽艮坤四維卦。（亦稱四隅卦。）天人元爲陽。地元爲陰可已。戊巳之陰陽。以山向爲準。解詳後。觀上圖排列。

元旦盤二十四山方位圖

無形之戊巳居中。一白坎卦壬子癸三山在正北。二黑坤卦未坤申三山在西南。三碧震卦甲卯乙三山在正東。四綠巽卦辰巽巳三山在東南。六白乾卦戌乾亥三山在西北。七赤兌卦庚酉辛三山在正西。八白艮卦丑艮寅三山在東北。九紫離卦丙午丁三山在正南。卽洛書之方位。參看後天八卦方位圖。故曰依洛書之數及定位也。此盤亘古不動。故又名元旦盤、一名地盤。至何以不依先天八卦定位。則以先天其體。後天其用。易之用在後天故也。

貪狼一。巨門二。祿存三。文曲四。廉貞五。武曲六。破軍七。左輔八。右弼九。即九星。星名羅盤為地理家之至寶。羅盤上諸層。及先天卦位。皆須牢記為要。

第五章　論二十八宿與二十四山之關繫

二十八宿者。北方玄武斗、牛、女、虛、危、室、壁。西方白虎奎、婁、胃、昴、畢、觜、參。南方朱鳥井、鬼、柳、星、張、翼、軫。東方蒼龍角、亢、氐、房、心、尾、箕。是也。盤中列二十八宿。四正卦。女、虛、危在坎宮。張、星、柳在離宮。胃、昴、畢在兌宮。心、房氏在震宮。每卦得三宿。共十二宿。四維卦。婁奎壁室在乾宮。亢角軫翼在巽宮。斗牛箕尾在艮宮。鬼井參觜在坤宮。每卦得四宿。共十六宿。合之爲二十八宿。今之習三合庸術。及三元僞訣者。多喜言此。其實在當初雖頗相合。今則因歲差之故。宿度早已改易。不能適用。談此何益。

第六章　論挨星訣

挨星自來祕密。不得眞傳。雖讀破天寶諸經。無益也。有清以來。能得其奧者。惟蔣氏大鴻一人。惜狃於天機不可洩漏之習。厥詞吞吐閃爍。讀之仍茫無頭緒。直至民國壬戌年。旌德江華農太史。與吾師泉唐沈瓞民先生。合編其尊人沈竹礽先生之自得齋地理叢說。眞訣遂流傳於世。無復能有祕密深藏者。千年昏夢。一日豁醒。快孰甚焉。其法蓋以元旦盤爲地盤。而以自一至九每運入中挨排之盤爲天盤。又名運盤。挨排旣定。再以山上向上所得之星入中。陰逆陽順。仍如前法飛去。謂之山向飛星。觀地盤與天盤。地卦與天卦。五行之生尅而斷其吉凶。天玉經云。二十四龍管三卦。莫與時師話。管三卦者。卽運星爲一卦。山向飛星各一卦是也。又青囊序云。祖宗却從陰陽出。三句亦明言挨星之法也。學者參此。天機已盡在於斯。實毫無祕奇之足云。

挨星必先明瞭元運。不明元運。挨星實無根據。元運者。三元九運之簡稱也。每元六十年。分上中下三元。共一百八十年。周而復始。是爲大運。上元甲子六十年中。又分前二十年爲一白運。中二十年爲二黑運。後二十年爲三碧運。中元甲子六十年中。又分前二十年爲四綠運。中二十年爲五黃運。後二十年爲六白運。下元甲子六十年中。又分前二十年爲七赤運。中二十年爲八白運。後二十年爲九紫運。是爲小運。（看一家一人之吉凶。用小運已足。看一國一地之興衰。須大小運合看。）遠者不論。今譬如同治三年甲子。係上元甲子。至光緒九年癸未止二十年。爲一運。光緒十年甲申至光緒廿九年癸卯止二十年。爲二運。光緒三十年甲辰至民國十二年癸亥止二十年。爲三運。民國十三年甲子。係交中元甲子。（即現行運中。大運爲二黑。小運爲四綠。）一直至民國三十二年癸未止二十年。爲四運。民國三十三年甲申至民國五十二年癸卯止二十年。爲五運。民國五十三年甲辰至民國七十二年癸亥止二十年。爲六運。民國七十三年甲子。係交下元甲子。一直至民國九十二年癸未止二十年。爲七運。民國九十三年甲申至民國一百十二年癸卯止二十年。爲八運。民國一百十三年甲辰至民國一百三十二年癸亥止二十年。爲九運。周而復始民國一百三十三年甲子復交上元甲子。依此類推。是爲玄空挨星之起原。

挨星時。法將用事之元運。（即天心正運）不論陰陽入中順挨。（一運以一入中宮。二運則以二入中宮。九運皆然。）自乾而兌而艮而離而坎而坤而震而巽止名父母卦。其徑途即依洛書方位。順則自五至六七八九一二三四。逆則自五至四三二一九八七六是也。再將山向挨得之星入中。陰則逆。陽則順。飛去山上飛星曰地卦。向上飛星曰天卦。經云天地父母三般卦者即此也。今試舉一例如左。

四運（民國十七年戊辰）立甲山庚向挨星圖

說明　玄空挨排以一二三四等字代用一二三四等字。即坎

	三七 三巽	七二 八離	五九 一坤	
山	四八 二震	山向 二六 四中	九四 六兌	向
	八三 七艮	六一 九坎	一五 五乾	

坤震巽等卦名。亦即貪巨祿文等星名也。譬如此圖中宮之四。為天心正運。即本運當旺之令星。向首六。六係天盤向上挨得之星。其下地盤所藏為七。六上之四。係向上飛星。即天卦。九係山上飛星。即地卦。四即巽。巽為風。九即離。離為火。繹其卦象。即為風火家人。又四即文曲木星。九即右弼火星。木生火。四九六同宮。於是觀其生尅。而斷其吉凶。他宮依此類推。至到山到向與上山下水。解另詳後。

山向挨得之星。入中飛佈。須分陰陽。陰則逆行。陽則順行。但其陰陽。不能以地盤所立山向之陰陽爲陰陽。而須以運盤所得之數之陰陽爲陰陽。運盤之某數。飛到山上向上。卽以運盤卦之干支。來配所立山向。天元則配天元。地人則配地人。所以者何。卽易貴流行之氣故也。例如前圖。向上地盤所藏之字爲兌七。山上地盤所藏之字爲震三。其分陰分陽。不能卽求之兌與震。而須求之運盤到向之乾六到山之坤二。又本局所立山向。係甲山庚向。甲庚係地元卦。則復求乾坤之地元。乃係戌未。戌未均屬陰。是以入中之六與二。俱逆行也。此爲挨星祕中之祕。前賢如蔣大鴻輩。從不肯輕易洩漏。故後世罕有知其奧者。實屬誤盡蒼生。經云。顛顛倒。二十四山有珠寶。順逆行。二十四山有火坑。卽指

此。顛倒。逆行也。應逆者逆。故爲珠寶。順。順行也應順者逆。故爲火坑。學者須熟練掌訣。自能日久生。巧

上舉一例。餘可得反三之效。惟遇五運。卽以五入中宮。八卦各居本位不動。與元旦盤無異。其實元旦盤自元旦盤。五運之運盤自五運之運盤。形同而氣則實異。不能以伏吟之理相繩也。又設遇五飛到向上山上。或旁六宮。其分陰分陽。須用寄宮之法。及如上述。以所到山向流行之氣爲準。何謂寄宮。一運五卽寄於坎。五卽作壬子癸也。二運五卽寄於坤。五卽作未坤申也。餘類推。惟遇五運寄宮。則須稍費思索。法將山向飛星之盤。挨得之字。何爲一六。何爲二七。何爲三八。何爲四九。內中缺一字。此一字。卽五之所寄也。例如五運立子山午向。山上飛星一入中。是八國缺一。五卽寄一。向上飛星九入中

。是八國缺九。五卽寄九是也。譬如前圖五到乾係四運。故五卽寄四。卽作辰巽巳到乾。知戊巳卽五之陰陽。天盤地盤皆爲巳戊戊。卽陰陽陽是也。術訣。記取五臨四正卦爲戊巳。臨四維卦爲巳戊戊。尤捷。

第七章　論到山到向與上山下水

玄空最喜者到山到向。最忌者上山下水。青囊序云。山上龍神不下水。水裏龍神不上山。言上山下水。明白已極。上山下水之對面卽到山到向。天玉經云。天卦江東掌上尋。一段。又青囊序云。山管山兮水管水。皆言到山到向也。總之山向飛星。分山一盤。向一盤。山上飛星本運旺星挨排到山上。向上飛星本運旺星挨排到向上。是爲到山到向。若反是。山上旺星。不到山而到向。向上旺星。不到向而到山。便是上山下水。

以山不管山而管了水。水不管水而管了山。所謂令星顛倒也。近時庸師。往往不解山水分管之義。但見山上向上俱有本運之旺星到。即遽誤認上山下水爲到山到向者。嗚呼。其貽害甚矣。

據上所述。恐初學者尚難瞭明。換言之。山管山。水管水。即山有山之定位。地卦 向有向之定位。天卦 倘顛倒易位。便是上山下水。故若能將天地卦之位置認淸。斷不致誤上山下水爲到山到向矣。何謂山上飛星。本運旺星挨排到山上。向上飛星。本運旺星挨排到向上。例如上舉之四運甲山庚向圖。四爲本運之旺星。山上運星地卦定位內有四到。向上運星天卦定位內亦有四到。故知爲旺星到山到向。若同一山向。指甲

(一)

九四 二	五九 七	七二 九	
山 八三 一	向五 山一 三	三七 五	向
四八 六	六一 八	二六 四	

庚。在三運作之。卽山上旺星不到山而到了向。向上旺星不到向而到了山。便爲山上龍神下水。水裏龍神上山矣。(圖一)又如二運作乾山巽向。爲到山到向。若同在二運。作同在一卦之戌山辰向。亦卽上山下水。(圖二及圖三) 毫厘之差。謬以千里。可不愼歟。惟是到山到向與上山下水兩種之外。有旺星全聚於山上。或

四六 八
八一 四
九二 三山

九七 八	向 四二 一	(二) 八六 六
五三 四	五三 九	山向 三一 二
四二 三 山	九七 五	七五 七

向 二九 一	(三) 七五 六
一八 九	山向 三一 二
六四 五	八六 七

全聚於向上者。謂之雙星會合於坐山。雙星會合於向首。雖有瑕疵。亦爲次吉之局。何者。雙星會合於坐山。則向不旺而山旺。律以經旨山管人丁之義。財雖衰而丁則盛。雙星會合於向首。則山不旺而向旺。衡以經旨向管財祿之條。丁雖衰而財則盛。

故爲次吉。然終非全美。若上山下水全犯。則喪丁退財。實無可逃免耳。但犯上山之局。而穴後有水。犯下水之局。而向前有山。卽又不忌。反之。旺星雖排到山。排到向。而無山無水。亦仍無效。是以作者須濯心靈眼敏。不可拘泥書本也。坐空朝滿法。卽是取龍空氣空之一妙也。

據上論述。學者但須記取。山向飛星全逆行者。必到山到向。全順行者。必上山下水。一順一逆者。非犯上山。卽犯下水。卽雙星非會合於坐山。卽會合於向首。是以玄空本屬變易。貴逆而賤順。喜變而忌伏不動也。

第八章　論星神之生死衰旺

星神吉凶。以運星爲旺。生運星者爲生。尅運星者爲煞。運星所生者爲退運星所尅者爲死。與運星比和者亦爲旺。蓋星神之生死衰旺。係隨運爲轉移者也。例如一運以一白爲運星。則一白爲正旺之星。得一白令星。則丁財俱旺。六白七赤生運星之星。（一白水。六白七赤俱金。金生水也。）皆爲生神。然六白有力。七赤無力。二黑五黃八白尅運星之星。（一白水。二黑五黃八白俱土。土尅水也。）皆爲煞神。然五黃爲眞煞。二五會合亦爲眞煞。二八則會吉會凶有辨。蓋一六八爲三元不敗之星。（一六八何以爲三元不敗之星。蓋兼理。無非欲合天地之氣爲一而已。坎爲一白。乾爲六白。艮爲八白。其所以吉者。天南地北。人得地氣。故吉也。）故八白之爲煞神。較二黑爲輕。較五黃更輕。較二五交戰。則輕之尤輕矣。三碧四綠乃運星所生之星。（一白水。三碧四綠俱木。水生木也。）俱爲退神。然三爲鬬狠之星。四爲文雅之星。故同一退神。三碧之退。退於爭利。四綠之退。退於爭名。九紫爲運星所尅之星。（一白水。九紫火。水尅火也。）是爲死神。在向則敗丁財。在山則宜守分。餘運類推。沈重華通德類情引歸厚錄說生死衰旺。以每元之主運星爲樞者。不確。茲爲便利學者翻檢起見。附表如左。

九星生死衰旺及職掌吉凶一覽表

運	星名	職	司用吉	用凶	一白	二黑	三碧	四綠	五黃	六白	七赤	八白	九紫
一白	貪狼	魁星。	神童。早發。	病。	旺	煞	退	退	煞	生	生	煞	死
二黑	巨門	病符。	丁財。名醫。	病敗出寡。	死	旺	煞	煞	旺比	退	退	旺比	生
三碧	祿存	好勇鬬狠。	富貴。	病訟。尅妻。	生	死	旺	旺比	死	煞	煞	死	退
四綠	文曲	文雅。	功名。文章。	退財。	生	死	旺比	旺	死	煞	煞	死	退
五黃	廉貞	孤獨。		丁財敗絕。	死	旺比	煞	煞	旺	退	退	旺比	生
六白	武曲	權威。	文武全材。	尅丁。	退	生	死	死	生	旺	旺比	生	煞

七赤	破軍	肅殺。	丁財。	盜劫。病訟。	退	生	死	死	生	旺比	旺	生	煞
八白	左輔	小口。財帛。	功名富貴。	尅小口。退財。	死	旺比	煞	煞	旺比	退	退	旺	生
九紫	右弼	後天火星。	富貴。	吐血。瞽目。火患。	煞	退	生	生	退	死	死	退	旺
附注	以上生死衰旺。必須形氣兼見。其驗更速。否則效力薄弱。又玄空五行。以當運者為旺氣。未來者為生氣。過去者為衰氣。去已遠者為死氣。												

第九章　論旺山旺向共四十八局

三元九運二十四山。令星到山到向者共得四十有八局。即一八運乾巽向。巳亥向。丑未向。三七運卯酉向。乙辛向。辰戌向。四六運艮坤向。寅申向。甲庚向。五運子午向。卯酉向。乙辛向。丁癸向。辰戌向。丑未向是也。此外非犯上山下水。即至多雙星會合於坐向。僅堪為次吉之局。終不全美。青囊序云。二十四山分順逆。共成四十有八局。卽指此二十年當旺運中。除流年一切神煞加臨山向外。均可用事。惟一出運便不宜妄動矣。

惟據上述觀之。各運皆有當旺之山向。而一九兩運獨無。各字凶皆有當旺之元運。而壬丙兩字獨缺。未免缺憾。補救之法有三。一曰挨星十法也。一九兩運中。有乾巽巳亥四向可用。二曰北斗打刼法也。一運有午丁戌甲四向。九運有卯乾亥乙四向可用。又二四七運丙向一三六八運壬向亦均有打刼可取。（但三六八運壬向打刼。係坎宮相合假打刼。）三曰城門訣也。丙向二八運在未。三六運在辰。五七九運在未辰均可用。壬向一三五運在丑戌。四七運在戌。二八運在丑亦吉。（但一九運壬丙向犯反伏吟。多不用。）

天玉經云。乾山乾向水朝乾。乾峯出狀元。坤山坤向坤水流。富貴永無休。卯山卯向卯源水。驟富石崇比。午山午向午來堂。大將值邊疆。四句。註家紛紛。均未得訣。此四句。第一句即指二八運中之乾巽向。第二句。即指四六運中之艮坤向。第三句。即指三七運中之卯酉向。第四句。即指五運中之子午向耳。何者。乾坤卯午等字。乃一代名詞。不論何運何山何向。只要山向飛星合令星。城門亦合令星。高峯又合令星。均可作乾山乾向乾水乾峯論。倘拘泥經旨。則悖矣。

流年一切神煞者。即太歲七煞。值年三煞。紫白飛宮。五黃力士等等是。解另詳後。如犯巒頭非眞。及一切神煞。則葬後非惟不能發福。仍足爲禍。故亦不可徒恃到山到向也。

設如用事之年。誤犯上山下水及一切神煞。或令星已經入囚而巒頭甚佳。柩又萬不能遷出另葬者。可於交旺運後原向建立墓碑並加修理。卽交旺運矣。此法甚驗。

第十章　論兼向須用替卦

兼向一事。實爲玄空學上一重要問題。江浙各處人家墳墓。幾無不用兼向者。尤其操三合術之庸師。每喜爲人作兼向。無論向之宜兼與否。自有山水一定之性情。未可以意爲之。況用兼向與用單向法實完全不同。用單向。下卦已足。用兼向。非起星不可。替卦者。卽以九星替出八卦之謂也。奧語一編。卽坤壬乙一訣。固完全係言替卦。卽天寶諸經中言替卦處亦甚多。不過其訣久已失傳。故後人反有疑正訣爲作僞者。四庫書目亦言坤壬乙一訣。未詳其起例。可嘆亦復可憫。有清一代能明其奧者。蔣氏外惟章仲山一人。惜皆祕密過甚。不肯直道其詳。然一則曰下卦起星。定卦分星。再則曰直達補救。亦幾乎洩漏天機矣。總之兼向用替。非特出卦兼應爾。即陰陽互兼。人天共兼。皆當用替。但若未過三度可免。又若向上無水者。前十年作本向論。後十年作替星論。必至正向兼向俱無替可尋時。始將正兼二向各飛一盤。合兩盤以觀水路之吉凶可也。

以星替卦。根源於奧語坤壬乙巨門從頭出四句。由是推演。得其全訣如下。(一)子癸甲申四字。以貪狼星替出。(二)坤壬乙卯未五字。以巨門星替出。(三)乾巽戌辰亥巳六字。以武曲星替出。(四)艮丙辛酉丑五字。以破軍星替出。(五)寅午庚丁四字。以右弼星替出。姜汝皋從師隨筆言之最詳。于楷地理錄要。亦載有蔣氏授姜口訣三十八句。惟統觀以上二十四字。非字字能替。似不完全。其實八國挨排。仍盤盤無缺也。寶照經云。子字出脈子字尋。莫教差錯丑與壬。又天玉經云。父母陰陽仔細尋。前後相兼定。說得何等明白。而又鄭重丁寧。庸師害人。竟敢隨意爲之。可悲也。

下卦起星四字。直達之向用卦。補救之向用星是也。何謂直達向。卽單向。何謂補救向。卽兼向。蓋兼向原非得已。故依山水性情。兼左或兼右以補救之。單向局所得之山向飛星是卦。例如山七飛星九向上飛星四。卽巽離。卽風火家人。兼向局所得之山向飛星是星。例如同一之九與四。則爲文曲星與右弼星同宮。而非卦矣。尋替之法。詳拙著大玄空三元九運廿四山起星立成圖茲可毋庸多贅。姑大略言之。如下。子癸甲申挨貪。坤壬乙卯未挨巨。乾巽戌辰亥巳挨武。艮丙辛酉丑挨破。寅午庚丁挨弼。替。（挨即替）先牢記此星卦替代之字。然後布局。譬如八運立癸山丁向兼丑未三度。

八運癸丁兼丑未起星圖

祿三 廉五 七	向 破七 貪一 三	廉五 祿三 五
文四 文四 六	向巨二 山武六 八	弼九 輔八 一
輔八 弼九 二	武六 巨二 四山	貪一 破七 九

天盤三到向。仍求三之人元係何字。乃係乙字。查乙替何星。乃係替巨門星。故不用三而以二入中宮。再求乙是陰是陽。乃係陰。是故逆行。得一到乾。即貪狼到乾。九到兌。即右弼到兌。八到艮。即左輔到艮。

七到向。即破軍到向。六到山。即武曲到山。五到坤。即廉貞到坤。四到震。即文曲到震。三到巽。即祿存到巽。又天盤四到山。求四之人元係何字。乃係巳字。巳替何星。乃係替武曲星。故不用四。而以六入中宮。再求巳是陰是陽。乃係陽星。故順行。得七赤破軍到乾。八白左輔到兌。九紫右弼到艮。一白貪狼到向。二黑巨門到山。三碧祿存到坤。四綠文曲到震。五黃廉貞到巽。此局用替之後。本運旺星（即八）無所謂到山到向。亦無所謂上山下水。向星則飛於漠不相關之艮宮。山星則飛於渺不相涉之兌方。然後觀其山向六宮（合之稱八國）。之生尅衰旺。而斷其吉凶可也。餘類推。

出卦兼。即如此局。陰陽互兼。如子兼壬。午兼丙。人天共兼。如癸兼子。

丁兼午之類。陰陽互兼。則往往易犯陰差陽錯之病。爲禍甚烈。同在一卦。差錯且不可。何況出卦。故寶照天玉。極其明白鄭重丁甯也。

觀上圖山向飛星貪巨祿文廉武破輔弼九星俱全。故曰八國挨排。盤盤無缺者此。

第十一章　論生成合十之功用

河圖一六共宗。二七同道。三八爲朋。四九爲友。五十同途。謂之生成。洛書一與九對待。二與八對待。三與七對待。四與六對待。合之皆十。謂之合十。天玉經云。共路兩神爲夫婦。認取眞神路。夫婦即合十也。蓋天地之數。與五行氣通。此五與十之數。數以數神。神以數顯。一陰一陽之謂道。一氣交感。化生萬物。生生不已。而變化無窮焉。而其所以生者實戊巳之功用合十者。皆藉戊巳之力氣運。得此則觸類旁通。運運貞吉矣。

生成合十。功用最大。每運山上合生成。人丁房房有向上合生成。財祿房房有毫無偏枯。屢試屢驗。但一六則怕四九來冲。二七則忌三八阻隔。四九三八。亦患一六二七來破。中央戊巳土能堅固。可保三元永無敗絕。

合有正合。有隔宮逢合。正合。卽正路夫妻。坎一與乾六爲正合。壬與戌。子與乾。癸與亥合。坤二與兌七爲正合。未與庚。坤與酉。申與辛合。震三與艮八爲正合。甲與丑。卯與艮。乙與寅合。巽四與離九爲正合。辰與丙。巽與午。巳與丁合。例如一運子午癸丁之向盤。六白到巽。卯酉乙辛之向盤。六白到坤。辰戌之向盤。六白到坎未丑之向盤六白到震皆爲正合。一爲夫六爲妻正合者主夫妻偕老。至巽四與離九爲正合。而一運乾巽亥巳之向盤六白到艮坤二與兌七爲正合。而艮坤寅申之向盤六白到乾是爲隔宮逢合並非正合。隔宮者主夫妻巧遇。又震三與艮八爲正合。而一運庚甲之向盤六白到坐山。是爲遙望遙望主出分離。坎一與乾六爲正合。而一運丙壬之向盤六白入中。是爲陰貴陰貴主女子專權但有沖煞方應無沖煞而有靜水相照。亦爲好合有緣此爲不傳之祕訣。

第十二章　論城門訣

青囊序。水交三八須要過。即指城門。城門一訣。溫明遠解最精。其言曰。水法曲折灣環。重重交錯於二十四山之內。大水收小水合成三叉。

爲水之城門。立穴定向。以城門爲重。蓋城門爲穴內進氣之關鍵。若以玄空五行生旺之星。排到城門。卽吉。他處稍得衰星。亦可轉禍爲福。若城門輪到衰死之星。卽不免凶矣。云云。明白透徹。讀之瞭然。城門一吉。效力最速。發時且較旺山旺向爲甚。然並無長運。出運卽敗。此其短也。凡水法千言萬語。無非城門。三合家爲人卜葬。每喜言黃泉。有救貧黃泉。殺人黃泉。白虎黃泉。地支黃泉。消水。亡水等種種名目。亦可以一言蔽之曰。凡水法用得卽城門。用失卽黃泉而已。

城門一訣。最占玄空學上重要位置。經云。五星一訣非眞術。城門一訣最爲良者是也。城門卽水口。然四山環繞。獨一處有缺口。亦城門。缺口多者不論。其方位須在向首之旁二宮。左爲正格城門。右爲變格城門。譬如巽山乾向。水口在子方。或四山環繞穴場。獨子方有缺口。此地即可用城門訣。（仍天元配天元。人地配人地。玄空高一寸爲山。低一寸爲水。故山之缺口。亦作水口論也。）惟用時。與挨星之理同。挨星凡入中之星爲陽順行。皆令星上山下水。入中之星爲陰逆行。皆令星到山到向。城門亦然。故凡遇陰入中逆行。皆可將旺星排到。陽入中順行。無效。法如子字。（即指巽山乾向爲例）在一運飛星爲六。六爲乾陽。不用。二運飛星爲七。七爲酉陰。以七入中逆飛。二到子爲旺星到城門。餘類推。

盤上無論何宮。見有水光。在本運雖非城門方位。不能用城門訣。或城門已出運失效。苟下運之星辰。能聯珠排到。名曰配水。比城門尤佳。以接發不替。可卜悠久也。又用替卦時。往往有向上飛星。本運旺星雖不能排到向首。却適落於可用城門一訣之位。其發尤速。蓋卽天元五歌所謂冲起樂宮無價寶者是也。茲爲便於翻檢起見。將各運城門旺星所到方位列表如后。

三元九運二十四向城門旺星所到方位一覽表

元運	上元			中元			下元		
向	一運	二運	三運	四運	五運	六運	七運	八運	九運
壬	戌•丑•	丑	戌•丑•	戌	戌•丑•		戌•	丑•	
子		乾		艮		乾•艮•	艮	乾	乾•艮•
癸		亥		寅		亥•寅•	寅	亥	亥•寅•
丑	壬•甲•		壬	甲		壬•甲•		壬•甲•	

艮	寅	甲	卯	乙	辰	巽	巳	丙	午	丁
		丑	巽•	巳•	甲•	午•	丁•		巽•坤•	巳申
子•卯•	癸•乙•	丑	巽•	巳•	丙•	卯•	乙•	未•	巽•	巳
卯	乙	丑•辰•				卯•午•	乙•丁•	辰•	坤•	申•
子	癸		艮•巽•	寅•巳•	甲•丙•				巽•坤•	巳•申•
子•卯•	癸•乙•	丑•辰•				卯•午•	乙•丁•	辰•未•		
		辰•	艮•	寅•	甲•	午•	丁•	辰•	坤•	申•
子•卯•	癸•乙•	辰•	艮•	寅•	丙•	卯•	乙•	辰•未•		
		丑•	巽•	巳•	甲•	午•	丁•	未•	巽•	巳•
子•卯•	癸•乙•	辰•	艮•	寅•	丙•	卯•	乙•	辰•未•		

未		丙•庚•		丙•庚•		庚•	丙•		丙•庚•
坤	午•酉•		午•酉•		午•酉•	午•	酉•	午•酉•	
申	丁•辛•		丁•辛•		丁•辛•	丁•	辛•	丁•辛•	
庚	戌•	未•	戌•	戌•	未•戌•		未•戌•	未•	未•
酉	坤•	乾•	坤•	坤•		坤•乾•		乾•	乾•
辛	申•	亥•	申•	申•		申•亥•		亥•	亥•
戌	壬•	庚•	壬•	庚•		庚•壬•		壬•	庚•
乾	酉•	子•	酉•	子•	酉•子•		酉•子•	酉•	子•
亥	辛•	癸•	辛•	癸•	辛•癸•		辛•癸•	辛•	癸•

第十三章　論令星入囚（即地運長短）

地有運。且有一定之長短。地運長短。於向上求之。壬子癸三向。地運一百年。丑艮寅六十年。甲卯乙一百四十年。辰巽巳三向最長。爲一百六十年。丙午丁八十年。未坤申一百二十年。庚酉辛四十年。戌乾亥三向則最短。地運止得二十年而已。三元九運。除五運外。無論何運立向皆然。但此爲小三元普通勾搭小地則然。勾搭小地。非指面積廣狹言。係指形氣言。不可誤會也。而求地亦惟勾搭小地爲多。若夫中吉或大堂局之地。則又當別論。最長者。竟可得千餘年。所謂大三元也。其理卽令星入囚也。

何謂令星入囚。譬如一運立巽山乾向。一出運。卽入囚矣。蓋出運爲二運。須以二入中宮。而二爲一運立向時之向上運星。今入中。豈非入囚乎。故入囚者。換言之。卽地運脫也。戌乾亥三向地運止得二十年者。亦此也。陰陽二宅。逢囚卽敗。宜趕緊修理。建碑。以補救之。惟五黃運無入囚之說。以五爲至尊無上。何囚之有。又向首及向上飛星逢五加臨之方。陰宅則要有水照穴。陽宅則要有門路。亦囚不住。

第十四章　論反吟伏吟

寶照經云。本山來龍立本向。反吟伏吟禍難當。何謂反吟。對宮犯者曰反吟。何謂伏吟。本宮犯者曰伏吟。蓋玄空一術。原係變易。故最喜變。最忌不變。反吟伏吟之禍。卽因其無變化。無變化。卽無生息。與一陰一陽二氣交感之理背。故有凶無吉。發禍時。家破人亡。較上山下水爲甚。歷試不爽。今試舉易理言之。反伏從俗言。在易卽反復也。易乾之九三。終日乾乾。因乾卦爲☰☰。其互卦二至五又爲乾☰☰。是非本宮所叢犯乎。乾之九三變兌。爲☰☱。而互卦爲巽。巽與乾犯。是非對宮所殺犯乎。故四六兩運之乾巽向爲反吟伏吟也。九三之用乾乾兩字。卽是指本宮所殺犯言也。

本山來龍立本向者何謂也。譬如運是一九山向又立一九。謂之本山龍立本向。凡陽星順行皆犯反伏吟。故一九兩運之壬丙。雙一雙九臨山臨向。爲反伏吟。二八兩運之艮坤寅申。山之二八臨向。向之二八臨山。爲反伏吟。三七兩運之甲庚。山之三七臨向。向之三七臨山。爲反伏吟。四六兩運之乾巽巳亥。雙四雙六臨山臨向。爲反伏吟。五運之艮坤寅申。山五臨向。向五臨山。爲反伏吟。學者試逐圖排列。其理自淺而易曉。但反伏吟有向盤犯者。有山盤犯者。有位位是反吟。位位是伏吟者。有山向外旁宮偶犯者。發禍亦略有區別。數者之中。以位位犯反伏吟及向上犯者最重。坐山稍輕。旁六宮更輕。如有水卽解。所謂空是也。

獨向上犯反伏吟。無論空實。禍總不免。帶煞更凶。除非到山到向之局。即四十八局。令星當道。一權獨貴。諸星始皆來順從。反伏吟並無所忌。例如三運立卯山酉向。八國位位皆反吟。坐山之山盤。且係伏吟。然令星到山到向。一貫當權。諸煞懾服。故無忌。舍此。雖雙星會合於向首坐山之局。猶吉不抵凶。其二五八三運中之艮坤寅申四向。則雖犯反伏吟。以全局合成三般卦。仍作吉論。

用替卦。有一種奇局可遇。曰八純卦。八純卦即伏吟。其理即易九三終日乾乾用乾乾兩字也。凡天地盤相遇之字同。或山向飛星相遇之字同。如乾乾。坎坎。艮艮等。皆是凶。較伏吟倍之。拙著起星圖五運之乾巽兩宮爲八純卦。是以倘五運立乾巽兩宮之向。萬不可兼。八運之戌辰兩向。向首用替。亦八純卦。

第十五章　論立穴定向有一定之理

凡立穴定向。自有一定之理。固不可誤立衰向。亦不可勉立旺向。蓋山水性情。各有不同。眞龍結構之地。不能毫厘差錯。故天元龍之來脈。祇宜以天元龍之向葬之。人地兩元龍同。無可假借也。如果地佳而時不合。則甯待時而葬。卽程子所謂非時不葬也。然宇宙間極佳之地。甚屬有限。非有德者不能得。最普通者。爲一種勾搭小地。此種勾搭地。往往龍氣駁雜。苟不失時。且配合卦爻理氣得法。葬後亦能獲福。不可徒貪大地。反致稽延誤事也。求地重在積德。前賢大聲疾呼。戒人穩口深藏。以及蔣大鴻輩。所以嚴守祕密。不肯輕洩隻字。亦正恐誤爲積不善之家卜用吉壤。或小人利用此術。妄冀邀福耳。然無德之人。天必厭之。莫言大地萬不能得。卽成勾搭局面者。亦非有相當之積德。斷不能獲。縱一時獲得。天意亦仍必破壞之。獲咎更甚。其例甚多。不勝枚舉。故徒貪無益。並勿謂是迂腐之談而忽之也。

何謂立穴定向。自有一定之理。天元龍之來脈。以何法更以天元龍之向葬之乎。法將來龍過峽入首處。用羅盤格清。如入首係子龍。即所謂天元龍。坐山朝向水口。亦必天元。斯為一卦純清。若雜他元。未免減等。人地兩元同。入首為子。則左旋結穴。必艮山坤向。右旋結穴。必乾山巽向。水口即城門。斯時在午方。與子龍相對者。為正格。若坤向則在酉。巽向則在卯。為變格。蓋龍與穴。經四位。向與水亦經四位。故曰有一定之理。不能假借也。寳照經云。子癸午丁天元宮。卯乙酉辛一路同。若有山水一同到。半穴乾坤艮巽宮。即是此義。

地隹而時不合之時。程子非時不葬之時。均指令星當旺言。即天心正運也。此特指龍眞穴的之地言則然。其勾搭地。往往山水生法未必能如此齊整。故曰龍氣駁雜。

第十六章　論北斗打刼

天玉經云。識得父母三般卦。便是眞神路。北斗七星去打刦。離宮要相合。父母三般卦。與三般卦不同。父母三般卦者。即一四七。二五八。三六九也。三般卦者。一二三。二三四。三四五。四五六。五六七。六七八。七八九。八九一。九一二也。眞神路者。即隔四位起父母也。北斗者。隨時立極之氣。七星者。一逆數至四。四逆數至七。皆七位也。二五八，三六九，同例　打刧者。刦奪未來之氣而用之。即上元刦奪中元之氣。中元刦奪下元之氣也。離宮要相合者。言離宮必須合三般也。打刦之功用。因玄空五行與立極之氣相反。易於發禍。要使發禍者。變而爲發福耳。

一四七。二五八。三六九。卽玄空三般大卦。能合三般最爲吉格。能既明三般經四位起父母之秘。而再能以山水形氣生尅制化之理通之。則更爲上乘作用。譬如上元一運立極之玄空五行。必不能與中元四運。下元七運。立極之玄空五行相合。元運相反。形氣變更。自易發禍。而能使所立山向。處處合吉。卽使發禍者轉而發福也。

打刼有二。不獨離宮能打刼。坎宮亦能打刼。但離宮合三般。爲眞打刼。若坎宮合三般。爲假打刼。眞打刼，離乾震三宮合三般；假打刼，兌巽坎三宮合三般，其理蓋全出於易。能明易理。不難立解。若不明易理。則雖費千百言說明之。必仍茫然。故本編亦不能盡其詞。學者知其大略可已。打刼之效力雖大，亦終遜於旺山旺向也，

上元一運之午丁。戌甲四向。二運之卯乙丙三向。三運之午丁二向。

中元四運之戌丙二向。六運之午乾亥丁四向。下元七運之丙向。八運之午丁甲三向。九運之卯乾亥乙丙五向。皆可用離宮打刼。上元一運之酉巽巳辛壬五向。二運之子癸庚三向。三運之壬向。中元四運之子癸巽巳四向。六運之辰壬二向。下元七運之子癸二向。八運之酉辛壬三向。九運之子癸庚辰四向。皆可用坎宮打刼。惟無論眞假打刼。犯反吟伏吟者。皆避不用。

第十七章 論五黃作法

五黃最為大煞。運尙無妨。山向飛星逢之。切宜留意。年白加臨。更當小心。書云。五黃到處不留情。犯者喪丁敗絕。無可救藥。茲述其作法如下。

運盤五黃所到。忌高宜平。莫妙卸水。譬如一運。運盤五黃到離。如用午丁向。則向前案砂。不宜過近。尤不宜高。高亦須平正。近亦須隔河水。或低田則無妨矣。如用高墩作案。宜去半里之外。若用高山作案。宜去三里之外。總之山愈高則距宜愈遠。且宜隔河爲貴。若山向飛星挨到五黃之處。則更宜取水解。例如一運午丁之向盤五入中。山盤五到巽。與向盤六白同位。其水宜收抱靜圓。餘類推。凡五黃在左在右。平砂無妨。有水尤佳。五黃到山。則皆宜坐水。若坐山有高峯。則宜作圍城。使圍城高而玫頂低。則不受坐山之高壓矣。用事流年。歲月煞歲破外。五黃加臨坐山向首。即年白加臨，俱不宜動。若已經用事。而他年五黃飛到者。是年亦不宜修築。犯者禍立至。

第十八章　論生入尅入生出尅出比和

生入尅入生出尅出與比和五種之看法有兩種。一天地盤合看。一。天地卦。卽山向飛星，合看是也。惟皆以山向爲主。凡向上遇生入尅入比和。則主財足。山上遇生入尅入比和。則主丁旺。以山管人丁。向管財祿故也

天盤生地盤。謂之生入。地盤生天盤。謂之生出。天盤尅地盤。謂之尅入。地盤尅天盤。謂之尅出。天地盤乾金與兌金。震木與巽木。艮土與坤土相遇。謂之比和。若以二十四山論。辰戌丑未相遇，辰戌丑未遇戊巳。亦皆爲比和，換星時。設丑艮寅遇甲卯乙。則寅木乙木相比和。庚酉辛遇未坤申。則辛金申金相比和。餘以此類推可也。天卦。卽向上飛星。生地卦。卽山上飛星。謂之生入

五九 一	向 九四 六	一五 五

地卦生天卦。謂之生出。天卦尅地卦。謂之尅入。地卦尅天卦。謂之尅出。比和例同上圖舉例。

一六九	向六 山二 四	二七八
三八七	八四二 山	七三三

四運立甲山庚向。向首天地盤比和。山上天地盤尅出。又向首天卦生地卦。係生入。山上地卦尅天卦。係尅出。令星到山到向之局。雖遇生出尅出。其凶稍減。以一貫當權。諸凶俱服也。

第十九章　論分金附收山出煞

青囊奧語。知化氣生尅制化。須熟記指分金言。蔣氏盤銘。五德爲緯四七爲經。宮移度改。分秒殊情。亦指分金言。其盤中節氣上有十二支。

卽分金也。又張心言地理辨正疏所載先天六十四卦圖卽是分金法。太素撥砂法亦卽分金法。蓋分金用法不外易理盈虛消長四字盡之。其法萬不可廢。且分金不獨用於山向卽穴前所見之一山一水莫不與分金有關。而有非常奇驗。

玄空分金法。乃將先天六十四卦爻與山向中宮之飛星配卦相較。避反伏吟不用。又將六十甲子納音五行。（納音五行，協紀辨方，通德類情，均有詳說，檢查卽得，茲不多贅，）與山向挨星五行相較。虛者補之。實者洩之。非三合家吉凶坐度之說也。

收山出煞四字。僅一見於天玉經之末章。蔣傳章解。均未言及隻字。溫氏續解。雖揭其理。亦終未明白透澈。善讀經者。知蔣章溫三家。於天玉雖未釋明。而於寶照天機妙訣本不同。八卦只有一卦通一章內。已將收山出煞之要理。說得明明白白。頭頭是道。學者細細揣摩。自能明瞭也。

附沈竹礽先生分金表

子	丑	寅
癸	艮	甲
甲子金	乙丑金	甲寅水
丙子水	丁丑水	丙寅火
戊子火	己丑火	戊寅土
庚子土	辛丑土	庚寅木
壬子木	癸丑木	壬寅金

卯	辰	巳	午	未
乙	巽	丙	丁	坤
乙卯水	甲辰火	乙巳火	甲午金	乙未金
丁卯火	丙辰土	丁巳土	丙午水	丁未水
己卯土	戊辰木	己巳木	戊午火	己未火
辛卯木	庚辰金	辛巳金	庚午土	辛未土
癸卯金	壬辰水	癸巳水	壬午木	癸未木

申	酉	戌	亥
庚	辛	乾	壬
甲申水	乙酉水	甲戌火	乙亥火
丙申火	丁酉火	丙戌土	丁亥土
戊申土	己酉土	戊戌木	己亥木
庚申木	辛酉木	庚戌金	辛亥金
壬申金	癸酉金	壬戌水	癸亥水

本表五格，此納音也，如子字下爲甲子，丙子，戊子，庚子，壬子，癸如之，丑字下爲乙丑，丁丑，己丑，辛丑，癸丑，艮如之

第二十章　論九宮配色之理

一六八。卽坎乾艮。何以其色白。震三何以其色碧。巽四何以其色綠。離九何以其色紫。坤二兌七。及中央戊巳五。何以其色爲黑爲赤爲黃。此理未經人道。蓋水色黑而坎水旺於冬仲。水氣淸而乾金之氣猶存。故不曰黑而曰白也。土色黃而艮土位於水後。且於冬去春來之際。其色潔淨。故不曰黃而曰白也。木色靑而震木旺於春仲。靑色尙淺。故不曰靑而曰碧也。巽亦爲木而曰綠者。巽木旺於春去夏來之際。靑色已深。故不曰靑而曰綠也。火色赤而離火旺於夏。五木氣退而坤土之氣已透。故赤中帶黑而爲紫也。土色黃而坤土位於火後。且於夏去秋來之際。其色汙濁。故不曰黃而曰黑也。金色白而兌金旺於秋仲。火氣猶留。故不曰白。而曰赤也。乾亦爲金。而曰白者。乾金位於秋去冬來之際。火氣盡而水氣已透。故復其本色。而爲白也。中五之土。獨爲黃者。黃爲中央之色。且河洛以五十居中。五十爲土。土未易其本位。故不曰黑。不曰白。而仍爲黃也。

第二十一章　論三星五吉與兼貪兼輔

寶照經云。取得輔星成五吉。又云。更取貪狼成五吉。此爲言三星五吉。兼貪兼輔之始。夫三星者。每運入中之令星。山向所到之飛星是也。用替卦。雙到向。雙到山之局。可以使之到山到向合成一局。如六運壬山丙向。本是雙星會合於坐山。而用替則一到向。一之地元壬替巨門。

(一)

	向	
三三 一九 五	七七 六五 一	五五 八七 三
四四 九八 四	山二二 向二一 六	九九 四三 八
八八 五四 九	六六 七六 二 山	二一 三三 七

故不用一而以二巨門入中變六旺星到山到向矣且一白六白八白三吉水俱到向上一白即貪狼八白即輔星豈非三星皆到更取貪輔乎成五吉者向上一六八山上六中宮六合成

(二)

	山	
二九 三三 五	六五 七七 一	八七 五五 三
九八 四四 四	山二一 向二三 六	四三 九九 八
五四 八八 九	七六 六六 二 向	三二 一一 七

五吉也(圖一)反之。六運之丙山壬向亦然。本是雙星會合於向首。而用替則二到向。二之地元未替。巨門無替可尋。即仍二入中。一到山。一之地元壬替巨門。故不用一。而以二巨門入中。變六旺星到山到向矣。且一六八三白水俱到向上。成五吉也。(圖二)兩圖飛星。上層起星。下層下卦。近人關於乘貪乘輔。誤解者多。故特揭於此。

第二十二章　論選擇 附紫白起例

造葬選擇。最關緊要。萬不可大意疏忽。選擇以取太陽到山到向到三合方爲最便。蔣盤有二十四節氣。如子山午向。太陽大寒立春到子山。秋分寒露到辰。小滿芒種到申。與子爲三合。大暑立秋到午向。小雪大雪到寅。春分清明到戌。與午爲三合之類。於諸節氣中擇安葬吉日用之拘拘合亡命生命無益也。惟本年太歲七煞五黃三煞加臨山向。萬萬不宜用事。

三合者。申子辰合水局。寅午戌合火局。亥卯未合木局。巳酉丑合金局是也。法審來龍入首某字。以取眞太陽到山或到向並宜用何三合局扶龍補山爲主登山亡命祭主生命。只須不與年月日沖尅已足。無庸多所拘忌。致吉日良辰反被錯過。譬如甲龍入首。立甲山庚向。擇戌辰年。甲子月。庚子日。甲申時下塟。最佳。以地支合申子辰水局一氣。天干合天上三奇甲戊庚一氣。不雜他字。極爲清純也。扶龍補山者。甲龍甲山俱木。取水生木之類。

老子引內經語曰。知其白。守其黑。白黑即坎一坤二。此紫白圖入用之始也。蔣大鴻天元五歌選擇一卷。其意所在。亦可以一言蔽之曰。運。紫白年。紫白月。紫白日。紫白時。紫白物。物一。太極而已。故蔣歌云。但求年月日時利者此也。

紫白爲三元之根本。用處極繁。其年月日時各起例。必須熟記。茲特逐項揭載於左。

年白歌

上元甲子一白求。中元四綠木爲頭。下元七赤中央去。逐年逆數順宮游。

說明　年家紫白。上元甲子年起一白。中元甲子年起四綠。下元甲子年起七赤。逐年逆推。惟布九宮則用順。故曰逐年逆數順宮游也。

月白歌

四仲之年正月八。四孟二黑入中宮。四季年來中五土。逆推順布例相同。

說明　子午卯酉年爲四仲年。亦爲四旺年。正月起八白。寅申巳亥年爲四孟年。亦爲四生年。正月起二黑。辰戌丑未年爲四季年。亦爲四墓年。正月起五黃。逆推順布。與年白例同。凡年月紫白於開山立向修方。最忌者五黃一星。切不可犯。犯則諸事不利。

日白歌

冬至立春一白游。雨濟七赤乃爲求。穀芒四綠眞堪羨。逐日順星半載流。自冬至至芒種。此半年逐日星順行。夏至立秋九紫是。處暑三碧行悠悠。臨霜六白直到大。逐日逆星半歲周。自夏至至大雪。此半年逐日星逆行。順逆俱從甲子起。中宮次第定眞籌。星飛順逆知方位。白紫之星四吉優。

說明　從中宮起例。陽局逐日星順行。陰局逐日星逆行。如陽局逢甲子日。則一白在中。乙丑則二黑在中。陰局逢甲子日。則九紫在中。乙丑則八白在中。以此推之而六十日中。何日何星在中宮見矣。中宮既得。要知是日吉星之方。不難卽從中宮分陰陽照飛而得也。茲因日家白法。稍爲繁重。特揭順逆二表列左。以便翻檢。

陽局日上紫白順行表

冬至	小寒	大寒	立春	一白	二黑	三碧	四綠	五黃	六白
雨水	驚蟄	春分	清明	七赤	八白	九紫	一白	二黑	三碧
穀雨	立夏	小滿	芒種	四綠	五黃	六白	七赤	八白	九紫
甲子 癸酉 壬午 辛卯 庚子 己酉 戊午				中	乾	兌	艮	離	坎
乙丑 甲戌 癸未 壬辰 辛丑 庚戌 己未				巽	中	乾	兌	艮	離
丙寅 乙亥 甲申 癸巳 壬寅 辛亥 庚申				震	巽	中	乾	兌	艮
丁卯 丙子 乙酉 甲午 癸卯 壬子 辛酉				坤	震	巽	中	乾	兌
戊辰 丁丑 丙戌 乙未 甲辰 癸丑 壬戌				坎	坤	震	巽	中	乾
己巳 戊寅 丁亥 丙申 乙巳 甲寅 癸亥				離	坎	坤	震	巽	中
庚午 己卯 戊子 丁酉 丙午 乙卯				艮	離	坎	坤	震	巽
辛未 庚辰 己丑 戊戌 丁未 丙辰				兌	艮	離	坎	坤	震
壬申 辛巳 庚寅 己亥 戊申 丁巳				乾	兌	艮	離	坎	坤

七赤	八白	九紫
四綠	五黃	六白
一白	二黑	三碧
坤	震	巽
坎	坤	震
離	坎	坤
艮	離	坎
兌	艮	離
乾	兌	艮
中	乾	兌
巽	中	乾
震	巽	中

陰局日上紫白逆行表

節氣				九紫	八白
夏至	小暑	大暑	立秋	九紫	八白
處暑	白露	秋分	寒露	三碧	二黑
霜降	立冬	小雪	大雪	六白	五黃
甲子 癸酉 壬午 辛卯 庚子 己酉 戊午				中	[illegible]
乙丑 甲戌 癸未 壬辰 辛丑 庚戌 己未				乾	中
丙寅 乙亥 甲申 癸巳 壬寅 辛亥 庚申				兌	乾
丁卯 丙子 乙酉 甲午 癸卯 壬子 辛酉				艮	兌
戊辰 丁丑 丙戌 乙未 甲辰 癸丑 壬戌				離	艮
己巳 戊寅 丁亥 丙申 乙巳 甲寅 癸亥				坎	離
庚 癸午 己卯 戊子 丁酉 丙午 乙壬 卯				坤	坎
辛未 庚辰 己丑 戊戌 丁未 丙辰				震	坤
壬申 辛巳 庚寅 己亥 戊申 丁巳				巽	震

七赤	一白	四綠	震	巽	中	乾	兌	艮	離	坎	坤
六白	九紫	三碧	坤	震	巽	中	乾	兌	艮	離	坎
五黃	八白	二黑	坎	坤	震	巽	中	乾	兌	艮	離
四綠	七赤	一白	離	坎	坤	震	巽	中	乾	兌	艮
三碧	六白	九紫	艮	離	坎	坤	震	巽	中	乾	兌
二黑	五黃	八白	兌	艮	離	坎	坤	震	巽	中	乾
一白	四綠	七赤	乾	兌	艮	離	坎	坤	震	巽	中

用法　譬如要查今日係何星入中。何星到艮坤方。先查今日係在何節氣。卜查得係在雨水節氣中。則須看陽局表之第二格雨水欄。又查今日係何干支。查得係已酉。則須看六十甲子

之巳酉日在何欄。俟查得在第一欄。然後將第一欄之中宮。與節氣第二欄之七赤對照。知今日爲七赤入中。八白到乾。九紫在兌。（横看）而到艮係一白到坤係四綠。亦不難一覽卽得矣。餘類推。

時白歌

生日坤宮旺日中。艮宮墓日子時通。陽陰一九君須記。順逆陽陰星異蹤。時逆陰陽無二議。吉星卦位掌中工。

說明　寅申巳亥日爲四生日。從坤宮起子時。子午卯酉日爲四旺日。從中宮起子時。辰戌丑未日爲四墓日。從艮宮起子時。冬至陽局係一白。夏至陰局係九紫。陽局星順。陰局星逆。此雖定法。惟時白訣則異是蓋時白訣不論陰陽局。俱逆行。例如陽局四生日。一白子時在坤。丑時在坎。寅時在離。陰局九紫子時在中。丑時在巽。寅時在震。俱逆行也。附表備查

時上紫白順逆行表

冬至用	夏至用								
生		卯	辰	巳	午	未	申	子酉	丑戌	寅亥
墓		午	未	申	子酉	丑戌	寅亥	卯	辰	巳
旺		子酉	丑戌	寅亥	丑	辰	巳	午	未	申
九紫	二黑	巽	辰	坤	坎	離	艮	兌	乾	中
八白	三碧	震	坤	坎	離	艮	兌	乾	中	巽
七赤	四綠	坤	坎	離	艮	兌	乾	中	巽	辰

六白	五黃	坎	離	艮	兌	乾	中	巽	震	坤
五黃	六白	離	艮	兌	乾	中	巽	震	坤	坎
四綠	七赤	艮	兌	乾	中	巽	辰	坤	坎	離
三碧	八白	兌	乾	中	巽	震	坤	坎	離	艮
二黑	九紫	甲	中	巽	震	坤	坎	離	艮	兌
一白	一白	中	巽	震	坤	坎	離	艮	兌	乾

用法　譬如要查今日申時係何星入中。何星到艮坤方照日白例。先查節氣。節氣係雨水。則用冬至欄。干支係巳酉。子午卯酉爲四旺日。乃看旺日欄內之申時。將此與申時同欄之中宮。與冬至欄內之九紫相對照。卽知今日申時。係九紫入中。八

白到巽。七赤在震而到艮係三碧。到坤係六白。亦不難一覽即得矣。餘類推。

第二十三章　論太歲七煞及年三煞之起例

造葬選擇。於一切神煞。除俗忌可不拘外。於太歲七煞及年三煞五黃月破。究宜小心謹避。三合家指玄空爲蔣法。且謂蔣法不避神煞。不知何所據而云然。蔣氏云。但求年月日時利。其小心謹避。亦可謂至矣。惟一切神煞。除太歲七煞三煞五黃月破之外。其餘俗忌。倘不蠲除。實足流於迷信。貽累正道耳。

太歲起例

太歲子年在子。丑年在丑。以此推之。亥年則在亥方。

說明　太歲爲一年主宰。掌一年吉凶。宜坐不宜向。但亦須看年月有吉神方可。總之以勿犯爲宜。

七煞起例

七煞子年在午方。丑年在未方。以此推之。亥年則在巳方。

說明　七煞卽歲破。如年月有太陽及貴人祿馬等吉神飛到。亦可用。否則凶禍立見。故總以避之勿犯爲宜。

年三煞起例

申子辰年在巳午未三方。寅午戌年在亥子丑三方。亥卯未年在申酉戌三方。巳酉丑年在寅卯辰三方。

說明　年三煞最凶。雖有宜向不宜坐之說。然須有吉神到向。方可。

亦總以小心勿向爲宜。如犯坐煞。則雖有吉神臨方。不能化解矣。子年申年辰年。立巳午未三山。爲坐煞。如立丙丁二山。乃爲夾煞。猶五黃臨坤，未申二方爲傍黃。犯之亦凶。

月三煞起例

月三煞正五九月在亥子丑。二六十月在申酉戌。三七十一月在巳午未。四八十二月在寅卯辰。

說明　月煞即月破。按月遷移。宜向不宜坐。犯則凶禍立見。遲則一月。速則旬日。雖有吉神。不能化解。即不得已而向之。亦須有吉神到向方可。總以謹避勿用爲是。夾煞例同年煞。

太歲子年在坎。丑寅年在艮。卯年在震。辰巳年在巽。午年在離。未申年在坤。酉年在兌。戌亥年在乾。此爲地盤一定之太歲也。其加臨者如酉年太歲在兌。再遇年星五黃入中。七赤到兌。則兌爲年盤太歲併臨之地。如果修造犯之。凶禍當時卽不能免。

第二十四章　論公位房分與命宮受尅

同一美地。或同一凶宅。有此房發福。而彼房受禍者。有長子獲咎。而次子免災者。此公位與命宮之關係也。公位房分以龍虎砂爲斷。歷試甚驗。但卦氣亦關緊要。又男女命宮。原本紫白玄空交會。命宮受尅者。輪値年月紫白飛到本宮。再見形見氣。則凶禍無不立見者。其推算法。男命上元甲子起一白。中元甲子起四祿。下元甲子起七赤。女命上元甲子起五黃。中元甲子起二黑。下元甲子起八白。男逆女順推排可也。蓋陰陽宅配合九宮飛星。每宮有山向盤交會之九星。各有五行。各有生旺衰死之時。如在生旺時受尅。無見形見氣。尚無妨碍。如在衰死時再受旺星尅制。而更再見形見氣。則命宮受尅。凶禍立見。例如命宮爲坎一屬水。受二五八土來尅制。爲坤二屬土。受三四木來尅制。爲震三屬木。巽四亦屬木。受六七金來尅制。爲離九屬火。受一水來尅制。爲乾六屬金。兌七亦屬金。受九火來尅制之類。經云山管人丁。向主財祿。故論命宮生尅。當以山盤九星爲主。若本人命宮。已經受尅。再值年月紫白重重尅入。則死亡立應。可不愼歟。

第二十五章　論玄空江西派傳授系統

江西爲玄空學之發源地。玆據江西志書。溯江西派玄空學傳授之系統。得三大系如左。其非江西派。容再續查。以貢閱者而備參考。

一、楊筠松系。筠松名益。唐竇州人。葬雩都藥口壩。筠松之學。傳之弟子曾公安。公安名文辿。唐雩都崇賢里人。葬萬載西山。公安外劉江東者。亦得楊傳。江東與公安同里。生平不立文字。後其裔孫劉謙傳其術。

二、僕都監系。僕都監者。佚其姓名里居。亦唐時人。僕都監傳之廖三傳。三傳五代甯都中壩人。按漢有廖扶。字文起。平輿人。明天文讖緯風角推步之術。當時號爲北郭先生。三傳豈其苗裔耶。平輿。戰國楚邑。漢置縣。元廢。故城在今河南汝南縣東南。其術傳之子廖伯玉。伯玉名瑀。一字伯禹。號金精山人。世呼廖金精。宋人。後世稱楊曾廖賴四大家是也。金精傳之弟子傅伯通。及鄒仲容。仲容名寬。與傅俱德興人。又傳之其裔孫廖均卿。後清溪有廖炳生。名安民。興國人。亦得其真傳。

三、陳摶系　摶傳之吳法旺子吳克誠。克誠復傳之子吳景鸞。景鸞字仲翔。德與人傳之於其女某。相傳廖金精。卽吳景鸞之外孫。其術卽得之於其母。是則金精乃有兩師。一說景鸞外孫爲別一廖姓。並非金精。亦無從攷正。或者景鸞之壻卽廖三傳。亦未可知。未敢斷也。

此三繫系外。尚有唐之司馬頭陀。名曦。南昌人。　南唐之何令通。名溥。袁州宜春人。令通。志作會通。不知孰誤。　宋之劉達。僧鏐長老。達僧居安福下邨水南院長老則俗姓辜。南昌人。又有卜應天。名則巍。亦宋人。此五人並無系統可以歸納。然皆不失爲江西一派玄空之正宗者也。

第二十六章　論經籍及各家雜著之優劣

玄空經典。如天寶青囊等籍。以及諸家著作之得失優劣。沈竹礽先生評論最詳。茲簡括列表於左。以便查攷。

著者姓名	書名	優劣要點
曾公安	青囊序。	別本有五六種。均爲後人改竄
楊筠松	天玉經。	字字珠璣。與寶照經均爲初學必讀。
	平砂玉尺經。	術士僞造。非劉氏著。
目講僧	玄空祕旨。	必讀之書。句句奇驗。一作吳景鸞著。
吳景鸞	天機賦。	亦作玄機賦。可讀。
何令通	靈城精義。	理氣章極可採。
蔣大鴻	地理辨正。	頗有見地。惜祕密過甚。

郭璞	葬經。	吳澄刪定本最佳。
郭璞	玄經。	皆三合語。且文字淺陋。決爲術士僞造。
林士恭 吳頤庵	地理全體大用合編。	上三卷林著。言巒頭無甚深意。卷四吳著。言盤理尚佳。
鄧夢覺	地理知本金鎖秘。	鄧名恭。上卷言易理。字字珠璣。下卷言穴法。多附會。
鄧夢覺	秘旨圖說。	未刊共二卷。無甚深意
吳少苑	地理大用。	尚可讀。惟理氣處亦多。
范宜賓	乾坤法竅。	范換局法。以隔四位起父母。誤。湘派首領
章仲山	地理辨正直解。	字字有來歷。初學必讀。
尹有本	四秘全書。	尹勺略精巒頭。是書則不足爲訓。湘派。
端木國瑚	地理元文。	不可爲訓
張心言	地理辨正疏。	張學出吳門潘斗齋。說卦極有來歷

作者	書名	評語
溫明遠	地理辨正續解。	於理氣精能。似較仲山為勝。
朱寯	地理辨正補。	深中三合之病。頭腦不清。
張受祺	古書正義。	松江派。有青天偏地鉗正義諸書。未盡正訣。
于楷	地理錄要。	秀水派。與張受祺皆風行一時。謬處甚多。
紀大奎	地理末學。	松江秀水兩派之首領。三合家之宗祖也
邱延翰	心印。海角經。	此書僅有抄本。又有五運六氣總論。言分金。極可採。
吳鏡泉	圖書發微。	可採甚多。中有無極子龍到頭歌訣。極佳。
杜銓	地理精義。	註諸經。以三合解玄空。不可為訓。
劉達信	司馬頭陀問答。	既非理氣。亦非巒頭。直小兒語耳。
王道亨	羅經透解。	以卜筮釋羅經。並三合亦無門徑遑論玄空。
曹安峯	地理原本說。	尚有見地。

作者	書名	評語
	周易究。	但知作者姓徐，不知其名，係嘉善人，於玄空無所發明。
江慎修	河洛精蘊。	甚佳，惜論地理，則深中葉九升之病。
葉九升	地理大成。	誤謬百出。
春望三	仰觀集。	言選擇甚切實用，言挨星亦合。
沈重華	通德類情	言選擇極有用，於玄空毫無門徑。
沈六圃	地學。	言巒頭，直大言欺人而已，言選擇，亦欠合
周景一	山洋指迷。	巒頭書之最佳本，初學必讀。
姚廷鑾	陰陽二宅全書。	論紫白飛星，極可採。
周梅梁	仁孝必讀。	深中朱小鶴之毒。
凌剡圃	天玉經補註。	
	地理探原。	

以上僅就記憶所及。隨手筆其大略。此外尚有多至數十百種。實不能一一盡舉全在學者觸類旁通。細心抉擇。蓋多讀一種僞書。尚不如少讀一種正書之爲愈也。

第二十七章　論中國亟宜提倡公墓制

近時市井間庸陋地師以一知半解之僞三元術或鄙俗不堪之長生三合法爲人卜葬從之者其家無不敗絕或出人卑下以致君子日少小人日多梟獍遍地盜賊滿目良有以也其膽小者。則停柩不葬。浮厝纍纍。崇拜時髦者則又一反所爲不信有所謂風水之說隨意扦葬皆一偏之過其結果未有不召凶禍者雖氣運使然無可挽救然至少不能不歸咎於三合庸術及操三元僞訣者之貽害社會也今誠欲施以挽救。破除迷信。嚴禁江湖僞術。確爲惟一無二之辦法。而玄空正道。則似未可一網打盡。否則試問中國數千年相傳之易經。亦將斥爲迷信而焚燬之乎。第不廢玄空係一事。而求地藏骨又係一事。目今文明日進。交通日益發達。人口亦日益激增。而地則猶是。不能隨人口之增加而亦日見其多。轉瞬之間。人滿爲患。豈非不但無地可以瘞坟。亦且將無地可以容身。若夫俗語所謂樓上樓。葬熟地。則抛棺棄骨。不特損德。亦爲玄空之大忌。再三思維。惟有由功令限制築造巨塚。爲第一步入手辦法。俟至相當時期。再禁私墳。凡人死非葬於指定之公墓區不可。此士大夫之責也。聞吾說者。不知有幾許贊成。幾許反對唾罵者否。公墓之制。現在各地已有倡辦者。成績甚佳。信仰亦漸堅固。可見未嘗不可推行久遠擬大範圍也。此雖似是新事業。不知吾國古時。周禮墓大夫之制。卽公墓也。其建築方法。宜擇都會市集之隙地闢一大場以八卦分界線處各闢道路闊二丈四尺於二十四山分界綫處亦闢道路闊一丈有六尺路之兩旁植以嘉木中央作圓形建大屋五楹以備葬者奉祀宴集之所四圍則繚以牆垣其內外徧植不彫之木按元運之興盛山向之生旺聽人擇塟其子孫受此蔭庇亦可產生正人君子較之現時之雜亂無章過與不及正有宵壤之別惟墓穴所佔之廣狹及建造之式樣必須一律否則參差不齊類乎義塚且分貧富軒輊之迹殊非所宜且生厭耳地下陰溝更宜疏通以免水蟻之患無論私人營業公墓。或一族族葬公墓。俱宜極力提倡。官爲備案保護。時加指導在公家公葬未完備之地亦可指定代公家收葬棺木使明興盛不亦可乎。䟦余望之。

玄空捷訣終